Radikale Umwandlung

Samael Aun Weor

Verlag Heliakon

Verlag Heliakon

Übersetzung aus dem Spanischen
Originaltitel: La transformacion Radical

Umschlaggestaltung: Verlag Heliakon

Druck und Vertrieb: BoD - Books on Demand

www.verlag-heliakon.de
info@verlag-heliakon.de

ISBN: **978-3-943208-01-6**

Die Deutsche Nationalbibliothek verzeichnet diese Publikation in der Deutschen Nationalbibliografie; detaillierte bibliografische Daten sind im Internet über www.dnb.de abrufbar.

Inhaltsverzeichnis

Vorwort 7

Denkt nach, Brüder 9

Die Prophezeiung über Hercolubus 11

Gnostische Paladine 19

Bewohner der Sonne 23

Die Bewohner der Sonne Sirius 31

Unnütze Träume 33

Der Schlüssel zum Erwecken des Bewusstseins 39

Das Trogo-Autoegokratische Gesetz 51

Übungen der Lamaserie 57

- Erste Übung 64
- Zweite Übung 66
- Dritte Übung 67
- Vierte Übung 69
- Fünfte Übung 70
- Sechste Übung 71
- Siebte Übung 72
- Achte Übung 73
- Neunte Übung 75
- Zehnte Übung 76
- Elfte Übung – Vajroli-Mudra 78

Vorwort

In diesem Park in Mexiko Stadt sehe ich in diesem Augenblick vor mir herrliche Bäume, wunderschöne Rasen und einige, unter den brennenden Strahlen der Sonne, spielende Kinder. Es gibt Bänke, auf denen die Menschen sitzen, um die Schönheiten der Natur zu betrachten.

In diesem Augenblick, in denen ich dieses Vorwort diktiere, kommen mir viele Szenen, viele Dramen, außergewöhnliche Ausschnitte der antiken Zeiten, Initiationsschulen, einsame Eremitagen, in denen die Einsiedler in Stille meditierten, singende Bäche, die im Felsenbett hinabstürzen, wundervolle Sybillen des druidischen Europas, Eremiten des alten Ägyptens der Pharaonen in der Frühzeit, usw. in den Sinn.

Es gibt keine Zweifel, meine lieben Brüder, dass in den Mysterien von Eleusis, wie auch in denen von Troja, Rom, Karthago, Ägypten, usw. das Psychische und das Physische in paralleler, harmonischer und perfekter Weise zusammenwirkten. Erinnert euch zum Beispiel einen Moment an die pythagoräischen Mysterien: Dort wurde nicht zugelassen, wer die höhere Mathematik nicht kannte.

Erinnert euch an die tanzenden Derwische, die herrlichen Runen, die schönen Tänze des antiken Indiens, die rhythmisch perfekten Bewegungen der ägyptischen Eingeweihten und meine lieben Brüder, ihr werdet die außergewöhnliche Parallelität, die schon immer zwischen dem Spirituellen, dem Geistigen und dem Physischen existiert hat, sehen.

Wir haben zweifelsohne einen Körper aus Fleisch und Blut. Solch ein Körper besitzt eine herrliche Eurythmie, und im Gehirn befinden sich viele schlafende Kräfte, die erweckt werden müssen. Es ist unerlässlich zu lernen, unseren Körper zu dirigieren, zu wissen, wie man ihm die süßesten Melodien entlockt. Es ist wichtig, ihn zum Vibrieren zu bringen wie eine Symphonie auf der wundersamen Harfe des unendlichen Universums.

Meine lieben Brüder, es ist absurd, zu erlauben, dass Jeropas (die Zeit) dieses kostbare Gefährt, das uns für unsere eigene innere Verwirklichung gegeben wurde, zerstört. In Wahrheit, Brüder, sage ich euch, dass wir Gnostiker genaue Methoden besitzen, um den Organismus zu verjüngen und um alle Krankheiten zu heilen. Es ist unbestreitbar, dass wir lernen können, uns selbst zu heilen. Jeder Einzelne von uns kann sich in seinen eigenen Arzt verwandeln, indem er lernt, sich selbst zu heilen und das ohne die Notwendigkeit von Medizin, das ist das wertvollste Vorbild.

Es ist wichtig, diesen Körper während vieler Jahre in vollkommener Gesundheit zu erhalten, mit dem Ziel, dieses kostbare Gefährt für unsere eigene innere Selbstverwirklichung bereitzuhaben.

Hier sind die notwendigen Übungen, um die Gesundheit zu erhalten und das Leben zu verlängern. Hier habt ihr Brüder die kostbaren Methoden, mit denen ihr, wenn ihr alt seid, die Jugend wiedererobern könnt, und wenn ihr jung seid, diese Jugend unendlich lange verlängern könnt.

Versteht also, lest aufmerksam und praktiziert. Das Theoretisieren ist zu nichts gut, man muss zum Kern gehen, zu den Tatsachen. Dies ist ein höchst praktisches und gleichzeitig didaktisches Werk. Die Lehre wird in dialektischer Form gegeben, und ich wiederhole: Befriedigt euch nicht nur mit Informationen aus Büchern, verwandelt die Doktrin in Tatsachen. Vorwärts lieber Leser, vorwärts; übe intensiv, verliere nicht den Mut im Kampf, sei standhaft auf dem Pfad. In diesem Werk gibt es auch Lehren, um das Bewusstsein zu erwecken. Die Stunde ist gekommen, der Augenblick aufzuwachen.

Warum sollen wir schlafend fortfahren? Die Vorgänge, die wir in diesem Werk der Menschheit schenken, sind wirksam und zu hundert Prozent absolut praktisch. Alle und jeder einzelne der Brüder, der die Meditation in der von uns gelehrten Weise ausübt, kann irgendwann den Zustand des Samadhi erreichen.

Heutzutage, mit den praktischen Übungen und der genauen Didaktik kann jeder beliebige, ernsthafte Schüler den großen Wandel, die radikale Umwandlung, erreichen. Was vor allem wichtig ist, ist die Kontinuität der Absichten; es ist nicht genug, heute zu praktizieren und morgen zu vergessen, es ist notwendig, intensiv das ganze Leben lang zu praktizieren, bis man sein Ziel, den wahren Sieg, erreicht.

Paz Inverencial

Samael Aun Weor

Denkt nach, Brüder

Ich möchte euch im Namen der kosmischen Wahrheit, im Namen dessen, was die Wirklichkeit ist, sagen, dass es notwendig ist, von Moment zu Moment, von Augenblick zu Augenblick zu sterben. Nur mit dem Tod kommt das Neue.

Irgendjemand, dessen Name ich nicht erwähne, irgendein sicherlich sehr berühmter Schriftsteller sagte, dass vielleicht im Jahre 2007 ein goldenes Zeitalter für die Welt käme.

Das erscheint mir natürlich ein bisschen absurd: Woher nehmen wir dieses goldene Zeitalter? Mit all diesen Egos, die unaufhörlich zurückkehren? Mit den Ichs? Mit dem Ich? Das scheint mir unmöglich, absurd.

In Wirklichkeit ist ein Zeitalter des Lichtes und des Ruhmes nicht möglich, wenn wir nicht in uns selbst gestorben sind. Wie könnte es Frieden auf dem Angesicht der Erde geben, wenn jeder Einzelne von uns in sich die Elemente trägt, die Kriege schaffen?

Wie könnte es Liebe geben, wenn in jedem Einzelnen von uns der Hass existiert? Woher nehmen wir die Nächstenliebe, wenn wir unglücklicherweise auf dem Grunde unseres Bewusstseins den Egoismus tragen? Wie könnte die Reinheit strahlen, wenn es in den Tiefen jedes Menschen die Unzucht gibt?

Es ist unbestreitbar, meine lieben Brüder, dass es unmöglich wäre, ein Zeitalter des Lichtes unter diesen Umständen zu schaffen; das Ego könnte niemals ein Zeitalter des Lichtes schaffen. Aus diesem Grunde erscheint mir jegliche Prophezeiung in diesem Sinne völlig falsch.

Natürlich müssen wir von Augenblick zu Augenblick sterben, nur so kommt das Licht; was ist jedoch mit den Menschenmengen? Wenn die sozialen Mengen sehr lebendig sind, wenn die Ichs unaufhörlich zurückkehren, wenn sie ständig in dieses Tal des Samsara kommen, dann also: Woher sollten wir dieses goldene Zeitalter nehmen? Wer errichtet es? Das Ego? Satan? Das mich Selbst? Das ich Selbst? Das vielfache Ich? Die Ichs der Mengen?

Denkt gründlich nach, Brüder!

Die Prophezeiung über Hercolubus

Es ist offensichtlich, dass wir kurz vor einer großen kosmischen Katastrophe stehen, das ist deutlich. Die Wissenschaftler wissen bereits, dass sich dem Orbit unseres Planeten Erde eine Welt nähert, die sich roter Planet nennt.

Sie nähert sich, und die Wissenschaftler wollen sie mit nuklearen Explosionen entfernen; alles wird jedoch unnütz sein, es wird der Augenblick kommen, in dem sich alle Prophezeiungen erfüllen müssen.

Schon Mahoma sprach deutlich, er sprach von einem Erdbeben, das uns seit Anfang der Jahrhunderte vorbehalten ist. Er sagt wörtlich, dass „die Berge zermalmt werden", dass „sie durch die Luft fliegen und als Staub niederfallen werden".

Das lädt uns dazu ein, nachzudenken ... Das alles wäre unmöglich, wenn es kein Erdbeben gäbe, aber dieses Erdbeben, warum findet es statt?

Zweifelsohne würde sich dies durch einen Zusammenstoß von Welten ereignen, und genau das ist es, was sich ereignen wird, meine lieben Brüder.

Die Apokalypse erzählt auch von einem großen Erdbeben, so groß, wie es noch nie auf dem Antlitz der Erde vorgekommen ist. Ich möchte, dass ihr gründlich über diesen Moment, in dem wir uns gerade befinden, nachdenkt.

Wir leben tatsächlich in einem schwierigen Zeitalter, wir befinden uns in der Endzeit, wie die Apokalypse des Heiligen Johannes sagt, am Anfang des Endes des Zeitalters der Völker. Die antike Erde, Atlantis, ist durch Wasser zugrunde gegangen, unsere gegenwärtige Erde wird von Feuer verbrannt werden.

Darüber spricht auch Petrus deutlich in seinem 2. Epistelbrief an die Römer, und er sagt, dass die Erde und alles, was auf ihr ist, vom Feuer verbrannt werden wird. Und das ist die Wahrheit, meine teuren Brüder, die Elemente werden brennen und zerstört werden.

Denkt darüber nach, vertieft euch. Sicherlich hat das, worüber ich rede, den Anschein einer Tragödie, das stimmt, aber ich möchte keinen

Augenblick versäumen, um euch zu warnen. Es ist wichtig, dass ihr wachsam lebt, vor allem in diesen schwierigen Zeiten.

In der Welt der natürlichen Ursachen konnte ich diese Zukunft, die unseren Planeten Erde erwartet, erfahren. Was ich sah, war wirklich erschreckend, die zwölf Konstellationen des Tierkreises erschienen in symbolischer, bildlicher und allegorischer Form wie zwölf schreckliche, drohende, gigantische Riesen, und von ihnen gingen Blitze und Donner aus.

Es schien, als ob dieser Augenblick schon das Ende wäre, die letzte Katastrophe. Ich bemerkte auch, meine lieben Brüder, dass Menschen von anderen Welten nicht ignorieren, was geschehen wird und sich vorbereiten.

Ihr könnt sicher sein, dass an dem Tag und zu der Stunde Raumschiffe von anderen Welten, von anderen Planeten, sagen wir so etwas wie Fotografien machen werden – benutzen wir unsere irdischen Ausdrücke von Fotografie oder Bilder auf eine zu Platte drucken oder etwas Ähnliches – mit der Absicht diese Erinnerungen in ihren Archiven aufzubewahren.

Es handelt sich um einen Planeten, der für seine Bösartigkeit bestraft wurde, eine schrecklich perverse Welt, der Planet Erde.

Bei einer anderen Gelegenheit unterhielt ich mich mit meiner göttlichen Mutter Kundalini und sie sagte mir:

- Alles ist schon verloren, das Schlechte der Welt ist so groß, dass es schon bis zum Himmel reicht.

Babylon die Große, die Mutter aller Unzucht und Verdorbenheit der Erde wird zerstört werden und von dieser ganzen perversen Generation von Vipern wird kein Stein auf dem anderen bleiben.

Erstaunt sprach ich:

- Oh! Meine Mutter, sind wir in einer Sackgasse ohne Ausweg?

Die Anbetungswürdige antwortete:

- Möchtest du ein Geschäft mit mir machen?

- Aber sicher!

- Dann öffne die Sackgasse ohne Ausgang - fuhr sie fort - und ich töte sie.

Eine solche Sackgasse zu öffnen, meine lieben Brüder, das ist das, was wir machen. In diesem Augenblick bilden wir das Heer der Rettung der Welt; glücklich seien diejenigen, die wissen, wie sie diese Sackgasse nutzen, denn ich möchte, dass ihr genau und deutlich wisst, dass all das, was ihr gerade auf der Welt seht, zerstört werden wird.

Wenn jener Planet, der gerade in Richtung unserer Welt, des Planeten Erde reist, sich nähert, dann wird er natürlich mit seinen Strahlen alles Lebendige verbrennen.

Mit seiner Annäherung wird das flüssige Feuer des Erdinneren magnetisch angezogen, und dann werden überall Vulkane entstehen und ausbrechen und es wird so entsetzliche Erdbeben geben, wie man sie noch nie zuvor gesehen oder gefühlt hat. Lava und Asche wird alles bedecken.

Die heiligen Schriften besagen, dass in jenen Tagen sich die Sonne verdunkeln wird und Licht geben wird. Es ist einleuchtend, meine lieben Brüder, jenes reisende Gestirn, das kommt, um mit unserer irdischen Welt zusammenzustoßen, schiebt sich zwischen die strahlende Sonne, die uns leuchtet, und diese unsere bedrückende Welt.

Dann wird es tiefe Finsternis geben, schreckliche tellurische Bewegungen und verletzende "auas", die Temperatur wird entsetzlich ansteigen, die Menschen werden überall hin fliehen, hierhin und dorthin und es wird keine Hilfe geben, die Menschheit wird an keinem Ort mehr Zuflucht finden.

Und schließlich wird sich der Wasserstoffvorrat unseres Planeten Erde entzünden und alles wird in einem großen Brand mitten im unendlichen Weltraum verbrennen.

Also, meine lieben Brüder, wenn sich jene Welt nähert, die kommt, um mit unserer zusammenzustoßen, wird der Tod mit seiner Sense Millionen von Leben ummähen. Wenn der rein physische Zusammenstoß stattfindet, wird es niemand Lebendigen mehr geben. Wer könnte dem standhalten?

So, meine lieben Brüder, endet eine perverse Zivilisation, so wird diese Zivilisation von Verdorbenen umkommen.

Was ich jetzt sage, kann euch etwas fremd und seltsam erscheinen, so erschien es auch den Atlanten zu jener Zeit vor der Sintflut, bevor die Wasser jene Menschheit verschlangen.

Viele lachten, nur wenige hörten auf Manu Vaivaswata, der der wahre biblische Noah war und der sein auserwähltes Volk, sein Heer der Rettung der Welt, aus der Gefahrenzone brachte und es bis zum zentralasiatischen Hochland führte, indem er es leitete, wo immer er trockenen Boden fand.

Also starben die Perversen, die schwarzen Magier, die Herren der dunklen Seite, verzweifelt. Heute, Brüder, sprechen wir so, wie wir einst in Atlantis sprachen, heute prophezeie ich, wie ich auch damals auf dem untergegangenen Kontinent prophezeite.

Heute warne ich so, wie ich in jener Epoche warnte. Es gibt nur einen Unterschied: In jener Zeit wurde der Kontinent Atlantis mit allem, was auf ihm existierte, durch Wasser zerstört, und unsere heutige Erde wird durch Feuer vernichtet werden. Also, meine lieben Brüder, wird es nach der großen Katastrophe nur Feuer und Wasserdampf geben, ein großes Chaos.

Diese Erde wird unbewohnt bleiben. Die Auserwählten werden aus der Gefahrenzone herausgeführt und zu anderen Welten gebracht.

Wenn die Erde wieder bereit ist, für die menschliche Saat, die von diesem Planeten weggebracht wurde, und die sich in einer anderen Welt des unendlichen Alls radikal gekreuzt hat, wird diese wieder zurückgebracht, um das Antlitz einer umgewandelten Erde, der Erde von morgen, das neue Jerusalem, von dem die Apokalypse des heiligen Johannes spricht, zu bevölkern.

Erinnert euch, dass es neue Himmel und eine neue Erde geben wird, darin sind sich alle Propheten einig, und es ist genau auf dieser neuen Erde, wo die ruhmreichen esoterischen Zivilisationen der Vergangenheit wiederauferstehen werden.

Die sechste große Wurzelrasse der Zukunft wird eine Mischung aus unserem irdisch menschlichen Samen mit den besten der Samen anderer Welten sein.

Ich möchte, dass ihr versteht, dass die Wiederauferstehung der vergangenen Zivilisationen eine konkrete Tatsache sein wird.

In der ersten Unterrasse der sechsten großen Wurzelrasse wird jene Kultur auferstehen, jene esoterische Kultur, die aufgrund des Untergangs von Atlantis auf dem zentralasiatischen Hochland im ersten Zeitalter unserer fünften Rasse erblühte.

Die zweite Unterrasse der zukünftigen sechsten Wurzelrasse wird auch großartig sein, denn dann werden wir die Auferstehung jener mächtigen Kulturen sehen, die im Süden Asiens erblühten, die prevedischen Kulturen, die der Weisheit über die Rishis, die der großen Prozessionen mit heiligen Elefanten, die der antiken hindustanischen Tempel, usw.

Die dritte Unterrasse der zukünftigen sechsten Wurzelrasse auf jener verwandelten Erde von morgen wird auferstehen, es wird die mächtige Zivilisation von Ägypten auferstehen. Dann wird es einen neuen Nil geben und neue Pyramiden und Sphinxen, und Millionen ägyptischer Seelen werden zurückkehren, sich reinkarnieren, um die neptunianisch-amentinische Weisheit über das Angesicht der Erde erstrahlen zu lassen, mit all ihrem Glanz und Leuchten.

In der vierten Unterrasse der zukünftigen sechsten Wurzelrasse auf der neuen zukünftigen Erde wird dann die griechisch-römische Kultur mit all ihrer Macht wiederauferstehen, mit den Myterien von Eleusis, mit den heiligen Mysterien des antiken Roms, usw.

Und es wird eine fünfte Unterrasse geben, bei der sich der Status der angelsächsischen, teutonischen, usw. Zivilisationen wiederholt, allerdings in einer sehr viel höheren Form, viel spiritueller.

Trotz allem kann man nicht vermeiden, dass es in jener Epoche einige Misserfolge geben wird, und es wird sie geben, das ist klar.

Mit der sechsten Unterrasse wird eine Kultur erstrahlen, die der Rasse, die unseren lateinamerikanischen Kontinent bevölkert, sehr ähnlich ist, aber ich wiederhole: in einer Oktave auf höherer Stufe.

Und schließlich wird in der siebten Unterrasse der zukünftigen sechsten Wurzelrasse auf einer verwandelten Erde der Zukunft mit neuen Himmeln und neuen Meeren eine, sagen wir, den heutigen Vereinigten Staaten sehr ähnliche Kultur erblühen, jedoch weitaus spiritueller, allerdings werden wir immer neue Misserfolge nicht vermeiden können.

Zuletzt, meine lieben Brüder, wird eine weitere große Katastrophe kommen, die in jener Zeit durch das Wasser verursacht werden wird, und am Ende der Zeiten wird ein letzter Kontinent wiederauferstehen, ein postumer Kontinent, auf dem die siebte Wurzelrasse erblühen wird.

Heute beschränke ich mich darauf, daran zu erinnern, dass wir uns auf eine große Katastrophe vorbereiten, damit diejenigen mit uns kommen, die die Reihen des Heeres der Errettung der Welt füllen wollen. Jene, die uns folgen, werden aus der Gefahrenzone gebracht, genau in dem Moment, der vom großen Gesetz angegeben wird.

Diejenigen, die uns nicht folgen, jene, die die Lehren nicht akzeptieren, jene, die den Gnostizismus, die antike Weisheit, abweisen, werden zweifelsohne umkommen. Es wird also ein außergewöhnliches Ereignis geben, ähnlich dem, das, wie ich euch schon erzählt habe, in alten Zeiten stattfand, als der atlantische Kontinent zerstört wurde.

Die mächtige Zivilisation der Zukunft, das goldene Zeitalter, das Zeitalter des Lichtes und des Glanzes, wird erst nach dem großen herannahenden Unheil auferstehen. Jetzt ist das nicht möglich, einfach weil das Ego keine göttlichen Kulturen schaffen kann. Das Ego ist nicht fähig, die Wiederauferstehung der antiken Kulturen esoterisch-spiritueller Art zu ermöglichen.

Diejenigen, die prophezeien, dass im Jahre 2000 oder 2007 das Zeitalter des Glanzes und des Lichtes beginnen wird, sind völlig im Irrtum. Glaubt mir, im Namen der Wahrheit, dass ein solches Zeitalter nur durch das Sein errichtet werden kann, durch das Göttliche, durch das Anständigste, das wir im Tiefsten unseres Bewusstseins haben, niemals von dem mich Selbst, von dem sich Selbst, vom Ich.

Ich möchte unseren gnostischen Brüdern sagen, dass sie sich vorbereiten, ich möchte ihnen raten, dass sie das Ego auflösen. Sie sollen in sich selbst sterben, das sich Selbst auslöschen.

Nur das Sein kann mächtige Zivilisationen des Lichtes erzeugen. Nur diejenigen, die in sich selbst gestorben sind, können in der letzten Stunde siegreich hervorgehen. Nur diese werden nicht in die Unterwelt gehen, nur diese werden im goldenen Zeitalter leben können, ohne die Notwendigkeit, durch den zweiten Tod zu gehen.

In meinem Werk mit dem Titel *Das Mysterium des goldenen Blühens* lehre ich euch den Gebrauch der Lanze. Es ist wichtig, zu wissen, wie man die Lanze des Longinus, die Waffe des Eros handhabt, um all diese psychischen Aggregate zu zerstören, die das Ego, das mich Selbst, das sich Selbst, bilden.

Zweifelsohne können wir in der Schmiede der Zyklopen Wunder vollbringen, dort ist es, wo wir das Soma Puchicon, d.h. das Hochzeitsgewand der Seele schaffen können.

Dort ist es auch, wo wir diese wundervolle Waffe benutzen können, diese Waffe des Eros, mit der es möglich ist, die psychischen Aggregate, die das sich Selbst bilden, zu zerstören. Wenn wir das Ego radikal ausgelöscht haben, bleibt in unserem Inneren nur das Sein, das Göttliche, das, was vollkommen ist.

Glaubt mir, meine lieben Brüder, dass das Ego uns hässlich macht, im wahrsten Sinne des Wortes. Diejenigen, die in sich das Ego tragen, strahlen zweifellos linke, unheilvolle, finstere, abscheuliche Wellen aus. Wenn man den Tod in sich selbst vollbracht hat, bleibt im Inneren von einem jeden, im tiefsten Inneren, die Schönheit zurück, und aus dieser Schönheit strömt das, was man Liebe nennt.

Wie können wir heutzutage ernsthaft Liebe ausstrahlen, wenn wir das Ego in uns tragen? Es ist wichtig, dass das Ego zerstört wird, damit in uns nur die Liebe zurückbleibt. Hermes Trismegistos sprach: *Ich schenke dir Liebe, in der das Höchste der Weisheit enthalten ist.*

Lieben ist das Wesentlichste. Die Liebe macht uns wirklich weise in allen Lebenslagen, sie ist in Wahrheit das Höchste an Weisheit.

Die wahre Weisheit kommt nicht vom Verstand, sondern vom Sein; sie ist ein Funktionalismus des Bewusstseins, eine ruhmreiche Synthese dessen, was man Liebe nennt, denn die Liebe ist das Höchste der Wissenschaft, des wahren Wissens.

Der Verstand, meine lieben Brüder, kennt die Wahrheit nicht, er ist im Ego eingeschlossen, er weiß nichts über die Wirklichkeit. Zerstören wir das Ego, befreien wir uns vom Verstand, damit in uns das Wahre, das was das Sein ist, das Wirkliche bleibt.

In *Das Mysterium des goldenen Blühens* lehre ich diese außergewöhnliche Waffe, die Lanze, handzuhaben und das wiederholen wir nun mit ehrlicher Absicht, damit ihr lernt, sie präzise zu benutzen und damit ihr jedes einzelne der psychischen Aggregate zerstören könnt, die das vielfältige Ich, das Ego, das mich Selbst, das sich Selbst bilden.

Es ist in der Schmiede der Zyklopen, wo wir Devi Kundalini, unsere persönliche göttliche kosmische Mutter anrufen müssen, damit sie uns mit der Lanze diesen oder jenen psychologischen Defekt auslöscht, d.h. dieses oder jenes psychische Aggregat, diesen oder jenen Fehler, dieses oder jenes Ich. Selbstverständlich kann sie dies mit ihrer Waffe tun, und so werden wir von Augenblick zu Augenblick, von Moment zu Moment, sterben.

Es reicht nicht, einen Fehler zu verstehen, es ist notwendig, ihn auszulöschen. Das Verstehen ist nicht alles, man braucht die Auslöschung. Wir können einen Fehler mit einem anderen Namen bezeichnen, ihn von einer Abteilung des Verstandes in eine andere verschieben, usw., aber ihn niemals von Grund auf ändern.

Wir brauchen eine höhere Macht als die des Verstandes, die fähig ist, diesen oder jenen Fehler auszulöschen. Glücklicherweise gibt es diese Kraft in einem latenten Zustand in jedem Einzelnen von uns, natürlich spreche ich von Devi Kundalini, der feurigen Schlange unserer magischen Kräfte. Nur indem wir sie anflehen, können wir erreichen, dass sie in uns den Fehler auslöscht, den wir bereits vollständig verstanden haben.

Indem wir so sterben, von Moment zu Moment, wie wir bereits erklärt haben, wird der köstliche Augenblick kommen, in dem in jedem Einzelnen von uns nur noch das Göttliche, das Vollkommene, das Sein, das, was das Wahre ist, wohnen wird.

Diejenigen, die wirklich Teil der zukünftigen Zivilisation sein wollen, diejenigen, die jetzt nicht in die Involution, versunken in den Eingeweiden der Erde, absteigen wollen, müssen das Ego auflösen. Wir stehen also vor einem Dilemma: Entweder lösen wir das Ego eigenhändig, durch unseren eigenen Willen auf, oder es wird für uns aufgelöst.

Wenn wir nicht beschließen, es aufzulösen, wenn wir es nicht auslöschen, dann wird es die Natur übernehmen das in den Höllenwelten zu tun, in den Infradimensionen des Kosmos, in den lebendigen Eingeweiden dieses Planeten, auf dem wir leben. Aber, unter welchen Bedingungen?

Durch unendliche Bitternis, endlose Leiden und entsetzliche Qualen, die man nicht mit Worten beschreiben kann.

Denkt nach, ich fordere euch auf, gründlich über diesen Aspekt nachzudenken und in euch selbst zu sterben, versteht meine Worte, den das könnte für viele die letzte Möglichkeit sein.

Gnostische Paladine

Ich habe viel gekämpft hier in Mexiko, um die Bewegung aufzubauen, achtzehn Jahre ständiger Arbeit für die Verbreitung der gnostischen Lehren, aber nach unermüdlichem Kampf haben wir es erreicht, eine Gruppe von gnostischen Paladinen zu bilden.

Nach soviel harter Arbeit, während 18 Jahren, wie ich schon erwähnt habe, habe ich erreicht, eine Gruppe von Paladinen vorzubereiten, die bereit sind, eine gewaltige Bewegung zu starten, die sich von einer Grenze zur anderen, von einem Meer zum anderen ausdehnt, d.h. von der Grenze mit Guatemala bis zu den Vereinigten Staaten und vom Atlantik bis zum Pazifik.

All das ist eine Frage intensiver Arbeit und unermüdlicher Kämpfe.

Heute haben wir schon einige organisierte Gruppen und wir haben schon die Grundlage für die gewaltige Arbeit, die uns erwartet, weil die gnostische Bewegung in Mexiko innerhalb weniger Zeit eine mächtige Bewegung sein wird, ordnungsgemäß organisiert im Einklang mit dem Gesetz.

Wir haben sehr viele Leute in der ersten Kammer, viele Anwärter nehmen an den verschiedenen Gruppen der ersten Kammer teil.

In der zweiten Kammer gibt es weniger, weil sie eine bessere Vorbereitung brauchen, ich bin hier ein bisschen sorgfältiger, wenn es darum geht, einen Schüler in die zweite Kammer zu bringen.

Ich muss sicher sein, dass die Anwärter vollkommen entschieden sind. Es ist klar, dass in dieser zweiten Kammer bereits esoterische Aspekte von hoher Verantwortung ins Spiel kommen, wie Rituale, usw., und es ist klar, dass man viel Ehrfurcht, Respekt und Verantwortung braucht.

Der Schüler muss vollkommen vorbereitet in die zweite Kammer eintreten, um den esoterischen Wert der Liturgie zu schätzen. Ich könnte keinem Individuum den Eintritt in die zweite Kammer gestatten, das nicht vollständig entschieden ist, das wäre absurd und aus diesem Grund zögere ich sehr, jemanden in die zweite Kammer eintreten zu lassen.

Manchmal zögere ich bis zu ein oder zwei Jahren.

Es gibt Menschen, die ich bis zu drei Jahre aufhalte, in die zweite Kammer einzutreten, denn sie geben das notwendige Zeichen nicht.

Für die dritte Kammer gibt es nur sehr wenige, denn sie müssen äußerst entschieden sein. Die dritte Kammer arbeitet hier in Mexiko in einem sehr speziellen Heiligtum. Wir werden dich bald dorthin bringen, damit du kennenlernst, wie hier in dem patriarchalischen Sitz die dritte Kammer funktioniert.

Ich möchte nachdrücklich sagen, dass die dritte Kammer nur ein Ziel hat: das Bewusstsein zu erwecken. Dort widmen wir uns in Gruppen der Arbeit des Erweckens des Bewusstseins, wie ich schon sagte, mit praktischen und effektiven Methoden.

Dort haben wir Menschen, die schon mit den Jinas-Zuständen arbeiten, die perfekt in der vierten Dimension arbeiten, die mit dem physischen Körper durch die vierte Koordinate, die vierte Vertikale, reisen. Es gibt Personen, die mit ihrem Körper aus Fleisch und Blut im Jinas-Zustand nach Tibet gereiste sind. Natürlich sind das Menschen aus der dritten Kammer.

Hier wird intensiv mit der Konzentration, Meditation, dem Samadhi, usw. gearbeitet. Hier erwachen die Brüder der dritten Kammer sehr schnell, denn man arbeitet mit voller Kraft, auf praktische Weise, um in den Astralkörper, den Jinas-Zustand und in Ekstase zu gelangen, und ich bin nicht zufrieden, bis sie nicht vollständig erwacht sind.

Den Menschen der dritten Kammer hier in Mexiko habe ich gesagt, dass der Moment kommen wird, in dem wir uns nur im Jinas-Zustand treffen werden, und dass diejenigen, die nicht vorbereitet sind, mit ihrem Körper im Jinas-Zustand teilzunehmen, draußen bleiben müssen. Es gibt einige, die noch kämpfen und andere, die sehr zufrieden sind, weil sie ihr Ziel erreicht haben. Es ist dringend, intensiv in der Praxis zu arbeiten.

Es wird die Zeit kommen, in der alle im Jinas-Zustand teilnehmen werden müssen und diejenigen, die nicht mitkommen, werden nicht in der dritten Kammer zugelassen.

Später hat der ehrwürdige Meister mir erzählt, wie er sich von den Toten erhoben hat, was das Ziel seiner Mission war und über verschiedene Abschnitte seines gegenwärtigen physischen Vehikels oder zellularen Körpers.

Der Meister erzählte mir einige Besonderheiten seines gegenwärtigen Lebens:

Man muss die Art und Weise sehen, in der mein wahres Sein mich erhob, mit Gewalt. Es ließ mich nicht eine Minute in Ruhe. Ich war noch nicht einmal eingeschlafen, zum Beispiel, als es mich schon sofort aus dem physischen Körper in den astralen Körper zog.

Mein wahres inneres Sein kämpfte und es kämpfte verzweifelt, um mich aus dem Schlamm der Erde zu erheben, es ließ mich nicht eine Sekunde in Ruhe, bis der Tag kam, an dem ich zu dem wahren Weg zurückkehrte.

Wenn man die Göttliche Komödie von Dante liest, als er beginnt in die Hölle hinabzusteigen und dann sagte: „... als ich vom rechten Wege abkam und in einen sehr finsteren Wald fiel ..." sagte Dante, nicht wahr? Und ich sage dasselbe ... Natürlich war ich ein gefallener Boddhisattwa, aber mein wahres Sein führte mich auf den rechten Weg zurück und erhob mich, jetzt stehe ich wieder aufrecht.

Wenn das wahre Sein jemanden erheben möchte, macht es höchste Anstrengungen, um ihn zu erheben und es erhebt ihn. Gott sei Dank, kämpfen und arbeiten wir heute schon unter den Befehlen des Vaters. So geht es allmählich. Es ist wichtig, dass die Menschen diese Lehre erhalten, dass alle die Botschaft erhalten und dass sie diese zu nutzen wissen. Das ist das Wichtigste.

Bewohner der Sonne

Die gewöhnlichen Menschen glauben, dass die Sonne eine glühende Feuerkugel ist, und diese Vorstellung ist falsch, irrtümlich, das ist eine vollständig mittelalterliche Denkweise.

Im Mittelalter dachte man, dass dieses Gestirn, das uns leuchtet, eine Feuerkugel sei. Es ist eine irrtümliche Denkweise der Menschen, aber was wollen wir tun, so ist die Menschheit.

Irgendein Wissenschaftler vermutet, dass die Sonne eine Heliumwolke in glühendem Zustand sei, und wenn dies so wäre, dann würden die Planeten des Sonnensystems aus ihren Umlaufbahnen ausbrechen, sie würden nie um sie kreisen.

Allein die Tatsache, dass die Himmelssphären um dieses leuchtende Zentrum kreisen, zeigt uns ganz klar, dass es sich um eine physische Sonne handelt.

Jener Wissenschaftler, der behauptet, dass die Sonne eine Heliumwolke ist und dass sie nichts wiegt, stützt sich auf falsche Berechnungen, zweifelsohne ist er ein unwissender Gelehrter.

Ich frage: Wie würden sie kreisen, auf welcher Grundlage, auf welches Nuklear- oder Schwerkraftzentrum kann sich das Sonnensystem stützen? Allein die Tatsache, dass die Welten um dieses Gestirn kreisen, zeigt uns, dass diese Welt, dieser Stern, genannt Sonne, viel mehr wiegt, als alle Planeten des Sonnensystems. Nur so können wir erklären, dass die Welten um die Sonne kreisen, obwohl die Herren der Wissenschaft das nicht verstehen.

Wir Okkultisten besitzen wundervolle Instrumente für die Erforschung des Lebens in den höheren Welten. Der Astralkörper, der Eidolon, erlaubt uns, von einem Planeten zum anderen zu reisen.

Ich bin mit diesem Vehikel, genannt Eidolon, Astral- oder Sideralkörper schon oft zum Königsstern gereist, deshalb kenne ich ihn sehr gut, ich weiß wirklich, auf welche Weise er funktioniert, woraus er gemacht ist, wie seine Oberfläche ist und was es auf der Sonne gibt.

Ich kann euch sagen, dass die Sonne eine riesige, gewaltige Welt ist, viele Millionen mal größer als die Erde oder Jupiter. Sie besitzt reiches mineralisches, pflanzliches, tierisches und menschliches Leben, hohe Gebirge, mit Eis bedeckte Nord- und Südpole, riesige und tiefe Meere, außergewöhnliche Wälder, usw., usw., usw.

Auch wenn es unglaublich erscheint, es gibt auf der Sonne Plätze, wo man vor Kälte sterben könnte, riesige mit Schnee bedeckte Berge mit einem äußerst kalten Klima. Es gibt auch Gebiete mit gemäßigtem sehr angenehmen Klima und warmes Klima. Die Küsten zum Beispiel sind natürlich sehr heiß, weil sie am Meer sind, es ist offensichtlich, dass das Orte sein müssen, die sehr heiß sind.

So gibt es auf der Sonne also alle Arten von Klima. Die Bewohner der Sonne leben niemals in Städten, sie halten die Tatsache, Städte zu bauen, für absurd, und wir stimmen ihnen zu, denn das Leben in den Städten ist wirklich nachteilig und in höchstem Maße schädlich.

In den Städten leben wir Menschen einer über dem anderen in mehrstöckigen Gebäuden, Haus an Haus, zwischen dem Rauch der Fabriken und den Abgasen der Autos, uns gegenseitig berührend, uns in absichtlicher und unabsichtlicher Weise schädigend, usw.

Aus diesem Grund würden die Bewohner der Sonne nie diesen Unsinn begehen, in Städten zu leben, ihnen gefallen die Städte nicht, und obwohl sie normalerweise auf dem Land leben, haben sie kleine Ansiedlungen, wo sie Forschungen wissenschaftlicher Art betreiben, aber diese sind sehr klein.

Einmal unterhielt ich mich in meinem siderischen Vehikel oder Astralkörper dort mit einer Gruppe von solaren Weisen. Sie behandelten mich auf sehr harmonische Art. Das Interessante an dem Fall war, dass sie mich sehen und hören konnten, obwohl ich in meinem astralen oder siderischen Körper war. Es gibt keine Zweifel, dass sie in diesen Augenblicken in ihren Körpern aus Fleisch und Blut waren, und obwohl sie in ihren physischen Körpern waren, konnten sie mich sehen, als ob ich auch im physischen Körper wäre, das heißt, dass sie außergewöhnliche Fähigkeiten der Hellsichtigkeit, Hellhörigkeit, usw. besitzen.

Wir unterhielten uns, an einem schönen Tisch sitzend, und dann entschuldigten sie sich, weil es genau der richtige Zeitpunkt war, zum Observatorium zu gehen. Ich sah sie dort durch ein Fernrohr blicken und große und komplizierte mathematische Rechnungen machen.

In diesen Tagen waren sie sehr besorgt wegen eines sehr entfernten Weltensystems, das sich viele Millionen Lichtjahre weit weg befindet, sehr weit entfernt von der solaren Welt, wo sie wohnen.

Sie waren sehr daran interessiert, diese Gruppe von Welten gründlich zu erforschen, denn in diesen Tagen planten sie eine Expedition zu diesen entfernten Welten dieses Sonnensystems. Es ist klar, dass die Bewohner der Sonne großartige kosmische Raumschiffe besitzen, die durch den Raum reisen können, aber sie berechneten vorschriftsmäßig die Route und machten die Kalkulationen, um dieses erwähnte Weltensystem genau erreichen zu können, an dem sie in diesen Tagen sehr interessiert waren und das sie genau kennenlernen wollten.

Ich war, offen gestanden, erstaunt. Diese Teleskope, die sie besitzen, sind außergewöhnlich. Esoterisch gesprochen können wir diese Teleskope *Tescohanos* nennen, ein ziemlich exotisches Wort, nicht wahr? *Tescohanos.* Es ist sehr neu für euch, zum Beispiel zu wissen, dass es auf der Sonne Bewohner gibt, nicht wahr?

Also sollt ihr auch wissen, dass sie mit ihren Teleskopen den Planeten Erde und jeden anderen Planeten des Sonnensystems sehen können.

Sie können mit ihren Fernrohren nicht nur unsere Welt sehen, sondern auch ihre Städte und die Häuser, die wir auf der Erde haben. Sie können die Menschen sehen, die in jedem Haus leben, das sie erforschen wollen, und sie nicht nur vom rein physischen Gesichtspunkt sehen, sondern auch ihren esoterischen und okkulten Aspekt.

Sie können genau die Aura der Personen sehen, den psychologischen Zustand, in dem sich irgendein Mensch befindet, usw.

Sie ignorieren also den katastrophalen Zustand nicht, in dem sich unser Planet Erde befindet und bedauern den Zustand, in dem wir uns befinden; sie wünschen für unsere Welt das Beste ..., unglücklicherweise müssen wir erkennen, dass die Erde schon vollständig gescheitert ist. Sie wünschen oder wollen auf keine Weise Verbindung mit den Menschen aufnehmen, die das Ego, das Ich, das mich Selbst, das ich Selbst, die Legion, besitzen.

Die Sonnenbewohner treten nur mit vollständig *toten* Menschen in Kontakt. Wenn ich so von „vollständig toten Menschen“ spreche, möchte ich, dass ihr mich versteht, ich spreche nicht vom physischen Tod, ich beziehe mich in nachdrücklicher Weise auf den Tod des Ichs.

Wenn ich sage „vollständig tot” gebe ich zu verstehen, dass sie nur in Kontakt mit Personen treten wollen, die das Ego schon ausgelöscht haben, die in sich selbst schon tot sind, im Ich, in sich selbst, anders gesagt, die kein Ego besitzen, das heißt, die kein Ich haben, die befreit sind vom Ich.

Und sie haben recht, da stimme ich mit ihnen vollkommen überein, denn diejenigen, die ein Ego besitzen, die noch immer das Ich haben, senden eine Art finsterer, verhängnisvoller, teuflischer und perverser Schwingungen aus.

Solche Menschen verbreiten das Chaos, wo immer sie gehen. Diese Menschen, die einen solchen egoistischen und diabolischen Zustand besitzen, könnten niemals in Harmonie mit der Unendlichkeit leben. Aus diesem Grund möchten sie keine, sagen wir, persönlichen Beziehungen mit Individuen oder Menschen, die noch nicht in sich selbst gestorben sind, die das Ego, das Ich noch nicht aufgelöst haben.

Ich erinnere mich an einige wunderschöne Landschaften der Sonne ..., es gibt dort ein so tiefes, so riesiges Meer, mit so klarem und schönem Wasser, dass ich staunte. Oft bin ich in meinem Astralkörper mit einem kleinen Schiff zu einer bestimmten Bucht gekommen, wo ich mich mehrere Stunden ausgeruht habe. Natürlich kann man im Astral auch in einem Schiff reisen, selbstverständlich aus astralen Materialien gemacht, und man kann sich auch auf jedes, sozusagen physisches, Schiff begeben ...

Jeder, der weiß, wie man im Astralkörper reist, kann dasselbe tun, das ist klar. Was man tun muss, ist, bewusst zu werden, die Schlafenden können diese Dinge nicht tun.

Mir ist diese Bucht herrlich erschienen. Jenes Meer ist Millionen mal größer, als der ganze Planet Erde; ich kann euch versichern, dass, wenn wir alle sieben Meere der Welt in dieses Meer geben würden, wäre das soviel wie in diesen großen Ozean ein Glas Wasser zu gießen.

Überlegt euch, was die Größe dieses unglaublichen Ozeans bedeutet, jeder unserer Ozeane, derjenigen, die wir hier auf unserem Planeten haben, ist eine Pfütze verglichen mit diesem immensen Meer der Sonne, auf das ich mich beziehe.

Ab und zu sah ich bestimmte Seeungeheuer an der Oberfläche auftauchen, die den Horizont betrachteten und zurückkehrten und in die unberechenbaren Tiefen des solaren Meeres abtauchten. All das ist unbegreiflich für die Erdenmenschen.

Die Menschen dieser Epoche denken, dass die Sonne eine Feuerkugel ist, und es gibt niemanden, der ihnen diese Idee aus dem Kopf schlagen könnte. Die Sonne von einem astralen Gesichtspunkt aus anzusehen ist außergewöhnlich.

Es gibt zum Beispiel einen geheimen Weg, der zum Herzenstempel der Sonne führt; natürlich handelt es sich nicht um einen physischen Weg, und ich möchte, dass ihr alle das versteht. Ich beziehe mich auf einen geheimen, astralen, esoterischen Weg, der, wie ich bereits sagte, zum Herzenstempel der Sonne führt.

Es ist ein Weg, der nicht der dichten Materie angehört. Wenn man sich nähert, um ihn auf der Oberfläche zu sehen, ist das Einzige, was man sieht, eine große Tiefe, ein finsterer Abgrund; aber dort in der Tiefe, im Unbekannten, sieht man nur etwas flackern.

In meinem astralen Vehikel konnte ich in diese große Schlucht absteigen, bis ich zu jenem Flackern gelangte. Dort segnet einen ein großes Wesen; es ist der Hüter oder Wächter des Tempels, er segnete uns mit einem Olivenzweig. Dann geht man über einen geheimen Weg weiter zum Herzenstempel der Sonne.

Im Herzenstempel findet man die sieben Choanen, sieben große Wesen, die im Solarsystem arbeiten.

Dort fühlt man das Fließen und Zurückfließen des großen Lebens, die Systole und Diastole des ganzen Systems, in dem wir leben, uns bewegen und unser Sein haben. Man kann sagen, dass dort das Herz der Sonne ist, das Herz des Solarsystems; denn das Solarssystem gleicht von Weitem gesehen einem Mann, der durch den unveränderlichen, unendlichen Raum schreitet.

Und er besitzt Funktionsorgane. Mars, zum Beispiel, ist die Leber des Solarsystems und die Sonne selbst ist das Herz, aber dieses Herz muss man direkt im Kern dieser zentralen Masse suchen.

Übrigens vibriert der kräftigste Sonnenstrahl in der Morgenröte und gehört zu Kundalini. Aufgrund dessen ist es interessant und sogar sehr ratsam, das Sahaja Maithuna in der Morgendämmerung, bei Tagesanbruch zu praktizieren.

Es gibt auch dort auf der Sonne verschiedene Elementargeister der Natur, so wie es sie auf allen Planeten gibt. Dort strömt das Leben mit unaufhörlicher Schönheit aus und ein.

Die Wissenschaftler vermuten, dass die Sonne eine Feuerkugel, eine Heliumwolke oder was auch immer, ist. Die gewöhnlichen Menschen denken an die Sonne wie an ein großes Lagerfeuer, je näher man ist, desto eher verbrennt man sich; so ist das nicht. Steigt auf einen Berg von 5.000 Metern Höhe und ihr werdet sehen, dass ihr vor Kälte sterbt, und wenn ihr euch in einem Heißluftballon in die Stratosphäre erhebt, dann werdet ihr dort erfrieren. Im interplanetarischen Raum erreicht die Temperatur 120° C unter null.

Also gibt es so etwas nicht, dass die Sonne eine Feuerkugel ist. Sie ist eine Welt, äußerst reich an Uranium-, Radium- Kobaltminen, usw., und weil sie so riesig ist, ist es natürlich klar, dass die Strahlung ihrer Minen auch sehr stark, sehr mächtig ist.

Die Gesamtzahl so vieler Minen produziert unglaubliche Strahlungen. Alle Strahlung der Minen, die gesamte Atomenergie, die sie haben, durchquert den interplanetarischen Raum und bei der Ankunft in der Erdatmosphäre zersetzt diese Atmosphäre jene Strahlungen in Licht, Wärme, Farben und Töne.

Es ist genau die höhere Schicht der Erdatmosphäre, die dafür sorgt, die Sonnenstrahlen zu analysieren und in Licht, Wärme, Farben und Töne zu zerlegen; aber im interplanetarischen Raum herrscht, wie ich bereits sagte, eine große Kälte, die bis zu 120° C unter null reicht.

Die Sonne ist also keine Feuerkugel, wie gewöhnliche und normale Menschen glauben und einige Wissenschaftler vermuten, sondern sie ist reich an Minen und ihre Strahlungen sind das, was sich beim Zerteilen in der Erdatmosphäre in Licht, Wärme, Farben und Töne verwandelt oder dazu wird. Die Strahlungen der Sonne erreichen nicht nur den Planeten Erde, sondern alle Welten des Solarsystems und auf jedem Planeten geschieht das gleiche.

Nach dieser Erklärung sollten wir uns ein für alle Mal von allen diesen falschen Vorstellungen des Verstandes befreien und verstehen, dass die Sonne keine Feuerkugel ist. Viele Astronomen lassen sich beirren, wenn sie die Aureole der Sonne, die Krone der Sonne, studieren. Sie glauben, dass diese Krone eine physische, materielle Masse, eine feste Masse sein muss, und dem ist nicht so. Die Krone der Sonne ist eine Art Nordlicht, die auch von der Elektrizität und der Magnetkraft dieses Sternenkörpers erzeugt wird, das ist alles.

Verzeihung Meister, aber ich möchte etwas fragen: Wenn es auf der Erde keine Atmosphäre gäbe, wäre es dann auf unserem Planeten dunkel?

Ja, wenn es keinerlei Atmosphäre auf der Erde gäbe, dann könnte diese eine dunkle Welt sein. In diesem Fall möchte ich einwenden, dass es auf dem Mond keine Atmosphäre gibt, und dass es trotzdem eine Zeit mit Licht und eine andere mit Dunkelheit gibt, oder, sagen wir, dass zur Hälfte Licht und zur Hälfte Dunkelheit herrscht; d.h., dass der Mondmonat in eine lichte und eine dunkle Epoche unterteilt wird, gemäß den kosmischen Perioden, die man schon genau kennt, und die die Astronauten für ihre Expeditionen benutzt haben.

Was die Atmosphäre auf dem Mond betrifft, so sage ich, es gibt eine dünne Atmosphäre und es wurde unter anderem schon offiziell akzeptiert, dass es auf dem Mond eine Atmosphäre gibt, und dass sie, obwohl sie dünn ist, die Sonnenstrahlen perfekt in Licht, Wärme, Farben und Töne umwandeln kann.

Im Falle, dass es keine Atmosphäre gäbe auf unserem Planeten Erde, dann würde diese Zersetzung nicht stattfinden, es gäbe Finsternis; aber wie dem auch sei, die feste Masse würde diesen Sonnenstrahlen einen Widerstand entgegensetzen, durch diesen Widerstand würde dann Wärme erzeugt, und es wäre sogar möglich, dass diese dichte Masse beim Widerstand gegen die Strahlung leuchten würde und die Strahlungen der Sonne nicht nur in Wärme, sondern auch in Licht umwandeln würde. Dann gäbe es auf jeden Fall Licht, allerdings mit einer unerträglichen Hitze.

Die Bewohner der Sonne sind Personen mit einer Statur oder einem Körper mehr oder weniger wie die Menschen oder menschlichen Wesen der Erde. Die Sonnenmenschen haben die Größe der Erdenmenschen, ihre Körper sind jedoch harmonisch, perfekt, wunderschön; Männer und Frauen leben in einem Zustand unübertrefflicher Harmonie.

Die Bewohner der Sonne Sirius

Sirius ist die Hauptstadt, sagen wir, dieser ganzen Galaxie, in der wir leben. Diese Galaxie, die Milchstraße, der Makrokosmos, besitzt viele Millionen von Sonnensystemen, und alle Sonnen und Planeten drehen sich um die zentrale Sonne Sirius.

Es handelt sich um eine Sonne, die Millionen mal größer als die Sonne ist, die uns erleuchtet und sie hat einen Zwillingsbruder, der ein Mond ist, 5000-mal dichter als Blei. Dieser Mond dreht sich unablässig um Sirius. Sirius ist also ein doppelter Stern.

Es ist also sehr interessant zu wissen, dass der Kern dieser großen Galaxie ordnungsgemäß polarisiert ist.

Von Sirius selbst kommen alle diese Strahlungen, die alle Über-Himmel der verschiedenen Welten regieren, die diese Galaxie bilden. Von seinem Zwillingsbruder, diesem schweren Mond, 5000-mal dichter als Blei, kommen alle diese negativen, finsteren Einflüsse, die jeden einzelnen der Satelitenmonde, die um ihre Welten kreisen, charakterisieren, tödliche, düstere Strahlungen, welche die Infra-Höllen regieren.

Es gibt eine dritte Kraft, die wir neutral nennen würden, und die ein gewisses Gleichgewicht zwischen den positiven und den negativen Kräften erlaubt. Seht selbst, wie die Galaxie zwischen Licht und Finsternis, zwischen dem Positiven und dem Negativen ordnungsgemäß im Gleichgewicht ist.

Sirius ist eine gigantische Welt, die reiches mineralisches, pflanzliches, tierisches und menschliches Leben besitzt. Seine Bewohner sind sehr klein, sie erreichen nicht einmal einen Meter Größe, ich glaube sie sind etwa einen halben Meter groß. Sie haben einen schlanken Körper, und mit ihrer herrlichen Erscheinung sind sie wahre Anhänger der weißen Brüderschaft.

Auf Sirius kann sich niemand reinkarnieren, der nicht die Stufe eines Kumara erreicht hat; dort sind die Menschen wahre Götter. Sie leben demütig auf dem Land, und niemandem kommt es in den Sinn, Städte zu errichten; Städte zu bauen ist eine Eigenart unintelligenter Menschen. Die Bewohner Sirius würden nie einen solchen Fehler begehen.

Sie haben einfache Häuser, benutzen einfach gewebte Umhänge. Jedes Haus besitzt seinen Garten, in dem die Sirianer ihre Nahrungsmittel anbauen, und einen Garten, wo sie ihre Blumen anbauen. Sie leben alle in Frieden und Harmonie, einer mit dem anderen.

Niemandem kommt es in den Sinn, dort Kriege oder etwas ähnliches zu machen, denn all das ist barbarisch und wild. Die Sirianer sind sehr gebildete Menschen, wahre erleuchtete Menschen im transzendentalen Sinne des Wortes.

Dort befindet sich die transzendierte Kirche, man staunt, wenn man in diesen Tempel der Herrlichkeit eintritt. Dort üben die großen Eingeweihten der Galaxie ihr Amt aus. Ich nahm mehrere Male an ihren Zeremonien teil.

Ständig wird dort das kosmische Drama aufgeführt oder durchlebt, Leben, Passion und Tod des Christus; denn wie wir schon sagten, dieses Drama ist vollkommen kosmisch.

Im Herzenstempel jener riesigen Welt, jener außergewöhnlichen Sonne, finden wir den Gott Sirius und bei ihm alle seine Eingeweihten, seine Schüler. Sirius ist tatsächlich die Hauptstadt der großen Galaxie, in der wir leben.

Unnütze Träume

Gut, ich werde heute hier in diesem Park Alameda in Mexikocity, über etwas sehr Wichtiges sprechen, ich möchte mich nachdrücklich auf die Frage der Träume beziehen.

Die Zeit ist gekommen, dieser Frage auf den Grund zu gehen: Ich finde, das Wichtigste ist, aufhören zu träumen. In Wahrheit sind die Träume nichts als reine Projektionen des Verstandes und deshalb illusorisch, sie sind unnütz.

Es ist das Ego, das die Träume projiziert, und natürlich sind diese Träume unnütz; wir müssen das Unterbewusste in Bewusstes umwandeln. Wir müssen nicht nur die Träume radikal auslöschen, sondern auch die Möglichkeit zu träumen und das ist schwerwiegend; es ist unbestreitbar, dass eine solche Möglichkeit existiert, solange es subjektive Elemente in unserer Psyche gibt.

Wir brauchen einen Verstand, der nicht projiziert, wir müssen den Denkprozess ausschöpfen. Der projizierende Verstand projiziert Träume, und diese sind vergeblich und illusorisch.

Wenn ich projizierender Verstand sage, beziehe ich mich nicht auf die reinen Projekte wie die, die ein Ingenieur macht, der die Pläne für ein Hochhaus, eine große Brücke oder eine Straße entwirft oder plant, nein; wenn ich vom projizierenden Verstand spreche, möchte ich mich auf alle intellektuellen Tiere beziehen.

Natürlich projiziert das Unterbewusstsein immer, nicht nur Häuser, Gebäude oder Dinge dieser Art, nein. Ich erkläre: Es projiziert seine eigenen Erinnerungen, seine eigenen Wünsche, seine eigenen Gefühle, Leidenschaften, Ideen, Erfahrungen, usw., usw., usw. Ich wiederhole, der projizierende Verstand projiziert Träume, und es ist klar, dass es Darstellungen gibt, solange das Unterbewusste existiert.

Wenn das Unterbewusste aufhört, wenn es sich in Bewusstes verwandelt hat, dann hören die Projektionen auf, sie können nicht mehr existieren, sie verschwinden.

Wenn wir die wahre Erleuchtung erreichen wollen, ist es notwendig und wichtig, sagen wir, das Unterbewusste in Bewusstes umzuwandeln. Zweifelsohne ist eine solche Umwandlung nur möglich, wenn man das Unterbewusste vernichtet.

Aber das Unterbewusste ist das Ego, also muss man das Ego, das Ich, das mich Selbst, das ich Selbst, vernichten, und so verwandelt man das Unterbewusste in Bewusstes. Das Unterbewusste muss aufhören zu existieren, damit an seiner Stelle das objektive, wahre und richtige Bewusstsein erscheint.

In anderen Worten möchte ich sagen, dass solange es irgendein subjektives Element, so unbedeutend es auch sein mag, in uns selbst gibt, besteht hier und jetzt die Möglichkeit des Träumens weiter; wenn aber jegliches subjektive Element, so unbedeutend es auch sein mag, endet, wenn kein unterbewusstes Element mehr in unserer Psyche übrig bleibt, ist das Ergebnis das objektive Bewusstsein, die wahre und authentische Erleuchtung.

Ein Individuum, welches das objektive Bewusstsein besitzt, welches das Unterbewusste schon aufgelöst hat, wird in den übersinnlichen Welten vollständig wach leben, und während sein Körper im Bett schläft, wird es sich in diesen Welten bewegen und die großen Wahrheiten der höheren Welten sehen, hören und tasten.

Es ist eine Sache, in den hypersensiblen Welten mit dem objektiven Bewusstsein zu wandeln, d.h. erwacht, und etwas anderes ist es, das in einem subjektiven, unterbewussten Zustand zu tun, während man Träume projiziert.

Seht selbst den großen Unterschied, den es gibt, zwischen demjenigen, der in diesen Regionen umherwandelt und Träume projiziert, und dem, der dort ohne Projektionen lebt, mit einem völlig erwachten Bewusstsein, erleuchtet und in einem Zustand äußerster Wachsamkeit.

Natürlich ist dieser Letztere wirklich ein Erleuchteter und kann, wenn er das will, die Mysterien des Lebens und des Todes erforschen und alle Rätsel des Universums kennenlernen.

Es gibt einen bestimmten Schriftsteller, der sagt, dass die Träume nichts anderes als maskierte Ideen sind, und wenn das so ist, können wir diese Frage ein bisschen näher erläutern, indem wir sagen, dass sie *Darstellungen des Verstandes sind, denn diese maskierten Ideen projizieren sich mental und das sind die Träume*; aus diesem Grund sind sie falsch und vergeblich.

Wer aber wach lebt, hat keine Träume mehr. Niemand kann wach leben, ohne in sich selbst gestorben zu sein, ohne das Ego, das Ich, das Ich Selbst vernichtet zu haben. Deshalb möchte ich, dass sich alle Brüder mehr um die Auflösung des Ichs kümmern, denn nur so, indem sie diese schreckliche Legion auflösen, können sie radikal erwachen.

Zweifelsohne ist es nicht leicht, subjektive Elemente auszulöschen. Die gibt es, und sehr verschiedenartig. Diese Auslöschung geschieht allmählich in didaktischer Form, aber gemäß der Auslöschung dieser Elemente, wird das Bewusstsein objektiver, und wenn die Auslöschung vollständig ist, wird das Bewusstsein völlig objektiv, erwacht sein. Dann hat die Möglichkeit zu träumen aufgehört.

Die großen Adepten der weißen universalen Bruderschaft träumen nicht, sie besitzen das objektive Bewusstsein; die Möglichkeit zu träumen, ist für sie verschwunden und man findet sie in den höheren Welten in einem Zustand höchster Wachsamkeit, vollständig erleuchtet, die Strömung der zahlreichen Jahrhunderte lenkend, die Gesetze der Natur beherrschend, in Götter verwandelt, die sich jenseits von Gut und Böse befinden.

Es ist also unerlässlich, dies bis auf den Grund zu verstehen. Um das besser zusammenzufassen, damit alle einen genauen Schluss daraus ziehen können, möchte ich euch Folgendes sagen:

1. Das Unterbewusste ist das Ego selbst. Vernichtet das Ego, und das Bewusstsein wird erwachen.

2. Die unterbewussten Elemente sind infrahumane Elemente, die jeder in sich trägt; zerstört man sie, dann werden alle Möglichkeiten zu träumen enden.

3. Träume sind Projektionen des Egos und sind daher unnütz.

4. Das Ego ist der Verstand.

5. Träume sind deswegen Projektionen des Verstandes.

6. Ihr solltet dies mit größter Aufmerksamkeit vermerken: **Es ist unbedingt nötig, nicht zu projizieren.**

7. Es werden nicht nur Dinge für die Zukunft projiziert, wir leben auch ständig damit, die Dinge von gestern zu projizieren.

8. Es werden auch alle Arten von gegenwärtigen Gefühlen, Krankhaftigkeiten, Leidenschaften, projiziert, usw., usw., usw.

Die Projektionen des Verstandes sind also unendlich; folglich sind die Möglichkeiten, zu träumen unendlich. Wie könnte man einen Träumer als erleuchtet betrachten? Natürlich ist der Träumer nichts anderes als ein Träumer, er weiß nichts über die Wirklichkeit der Dinge, über das, was sich jenseits der Welt der Träume befindet.

Es ist unbedingt nötig, dass unsere Brüder der gnostischen Bewegung sich um ihr Erwachen kümmern, dafür ist es notwendig, dass sie sich wahrhaftig der Auflösung des Ichs, des Egos, des Ich Selbst, widmen; das soll ihre Hauptsorge sein.

In Übereinstimmung mit dem Sterben in sich selbst, wird das Bewusstsein mehr und mehr objektiv werden, und die Möglichkeiten des Träumens werden sich in fortschreitender Weise verringern.

Meditieren ist unerlässlich, um unsere psychologischen Fehler zu verstehen.

Wenn man versteht, dass man diesen oder jenen Fehler oder diese oder jene Schwäche besitzt, kann man es sich leisten, ihn oder sie auszulöschen, so wie ich es in meinem Werk mit dem Titel *Das Mysterium des goldenen Blühens* lehre.

Diesen oder jenen Fehler, diesen oder jenen psychologischen Defekt auszulöschen, ist gleich bedeutend damit, dieses oder jenes psychische Aggregat, dieses oder jenes subjektive Element auszulöschen, in welchem die Möglichkeit des Träumens oder des Träume Projizierens besteht.

Wenn man Fehler, Defekte oder psychische Aggregate auslöschen möchte, muss man sie zuerst verstehen; aber Brüder, es reicht nicht, sie nur zu verstehen, man muss tiefer gehen: Es ist nötig, die tiefe Bedeutung dessen, was man verstanden hat, zu *erfassen*, und dies kann man nur durch tiefe, gründliche, sehr persönliche Meditation erreichen.

Derjenige, der die tiefe Bedeutung dessen, was er verstanden hat, *erfasst hat*, hat die Möglichkeit, es auszulöschen. Es ist dringend, psychische Aggregate auszulöschen. Psychische Aggregate und psychologische Defekte sind im Grunde dasselbe; jedes psychische Aggregat ist nichts anderes als der Ausdruck eines Defektes psychologischer Art.

Dass man sie auslöschen muss, das ist klar, aber zuerst müssen wir sie verstanden und auch ihre tiefe Bedeutung begriffen haben. So sterben wir von Moment zu Moment; nur mit dem Tod kommt das Neue.

Manche wollen im Astralen, im Mentalen, usw. wach sein, aber sie kümmern sich nicht darum zu sterben, und das Schlimmste ist, dass sie die Träume mit den wahren mystischen Erfahrungen verwechseln.

Eine Sache sind die Träume, die nichts als einfache Projektionen des Unterbewusstseins sind und eine andere sind die wahren mystischen Erfahrungen.

Jede authentische mystische Erfahrung verlangt einen Zustand von Wachsamkeit und wachem Bewusstsein.

Ich könnte mir mit schlafendem Bewusstsein keine mystischen Erfahrungen vorstellen. Die wahre, wirkliche, authentische mystische Erfahrung erscheint also nur, wenn wir wach sind.

Unsere Brüder sollen gut über all das nachdenken; sie sollen unser Werk *Das Mysterium des goldenen Blühens* studieren, sie sollen sich darum kümmern, von Moment zu Moment zu sterben, nur so werden sie wirklich die vollständige Objektivierung des Bewusstseins erreichen.

“Meister, all diese Mengen, die dort wie verrückt herumlaufen, laufen sie im Schlaf? Laufen sie projizierend? Laufen sie im Traum? Laufen sie von sich selbst entfremdet?“

Sicherlich bewegen sich diese Menschen, die dort hastig umherlaufen, im Traum. Es ist nicht notwendig, dass ihre Körper um Mitternacht schnarchend auf dem Bett liegen, um zu träumen.

Die Menschen träumen hier in Fleisch und Blut. So wie du sie siehst, wie verrückt durch die Straßen rennend, in ständigem Kommen und Gehen, wie Maschinen ohne Sinn oder Verstand, ohne irgendeine Orientierung, so wandeln sie auch in den inneren Welten umher, wenn der physische Körper im Bett schläft.

Was geschieht, ist, dass diese Menschen, die im Leben träumen, die im Traum im fälschlicherweise Wachsamkeit genannten Zustand herumlaufen, die man schlafen und träumen sieht, dann, wenn die Zeit kommt, in der ihr physischer Körper schläft, jenes Vehikel verlassen und in die übersinnlichen Welten eintreten, und ihre eigenen Träume in diese Regionen mitnehmen, d.h. jeder Einzelne nimmt seine Träume mit in die inneren Welten, sowohl während der Stunden, in denen der Körper schläft, als auch nach dem Tod.

Die Menschen sterben wirklich ohne zu wissen wie, und treten träumend in die inneren Welten ein, und leben träumend und werden geboren, ohne zu wissen zu welcher Stunde und wie, und im praktischen Leben gehen sie immer träumend umher.

Es ist also nicht seltsam, dass die Menschen unter die Räder von Autos kommen, dass sie so viel Unsinn begehen, das ist darauf zurückzuführen, dass sie ein schlafendes Bewusstsein besitzen, dass sie träumen ...

Es ist unerlässlich, das Träumen zu lassen. Wer das Träumen hier und jetzt lässt, lässt das Träumen in jedem Winkel des Universums, geht überall wach umher. Wer hier und jetzt erwacht, erwacht in der Unendlichkeit, in den höheren Welten, an jedem Ort des Kosmos.

Es ist wichtig hier und jetzt zu erwachen, in diesem Augenblick, in dem wir sprechen, von Augenblick zu Augenblick, von Moment zu Moment.

Der Schlüssel zum Erwecken des Bewusstseins

Es ist unbestreitbar, das Wichtigste im Leben ist die innere Verwirklichung des Seins. Einmal fragte ich meine Göttliche Mutter Kundalini:

- Ist der Weg, den man bis zur Auferstehung gehen muss, sehr lang?

Sie antwortete mir:

- Es ist nicht so, dass er sehr lang ist, man muss hart am Stein des Philosophen arbeiten, ihn behauen, ihn meißeln. Man muss dem rohen Stein die perfekte kubische Form geben.

Unser Leitspruch ist *Thelema*, das heißt Willenskraft. Fangen wir damit an, das Bewusstsein zu erwecken. Offensichtlich sind alle Menschen eingeschlafen, und es ist notwendig, zu erwachen, um den Weg zu sehen. Das Wichtigste ist, hier und jetzt zu erwachen. Unglücklicherweise schläft die Menschheit; das scheint unglaublich, aber so ist es.

Wir gehen durch die Straßen mit eingeschlafenem Bewusstsein. Wir sind im Haus, in der Arbeit, in der Werkstatt, im Büro, usw. mit einem tief eingeschlafenen Bewusstsein. Wir fahren Auto und wir gehen zur Fabrik, mit einem tief eingeschlafenen Bewusstsein.

Die Menschen werden geboren, wachsen heran, vermehren sich, werden alt und sterben mit schlafendem Bewusstsein, und sie wissen weder, woher sie kommen, noch was das Ziel ihres eigentlichen Daseins ist; das Schlimmste ist, dass alle glauben, dass sie wach sind.

Viele Menschen, zum Beispiel, kümmern sich darum, viele esoterische Dinge zu wissen, aber sie kümmern sich nie darum, das Bewusstsein zu erwecken.

Wenn die Menschen sich vornehmen würden, hier und jetzt zu erwachen, könnten sie sofort all das kennenlernen, was für sie ein Rätsel ist, und deshalb existiert die Skepsis, denn der Skeptiker ist unwissend. Unwissenheit ist das schlafende Bewusstsein.

Ich muss euch im Namen der Wahrheit sagen, dass die Skepsis wegen der Unwissenheit existiert und am Tag, an dem der Mensch seine Unwissenheit hinter sich lässt und das Bewusstsein erwacht, verschwindet tatsächlich die Skepsis, denn die Unwissenheit entspricht der Skepsis und umgekehrt.

Unsere Lehre ist sicher nicht dazu da, die Skeptiker zu überzeugen, denn wenn wir heute 100 Skeptiker überzeugen, werden morgen 10.000 auftauchen, und wenn wir 10.000 überzeugen, werden 100.000 auftauchen, und so werden wir nie fertig werden.

Das System, die innere Verwirklichung des Seins zu erreichen, ist eine Frage des *bewussten Arbeitens* und des *freiwilligen Leidens*, aber die Stetigkeit der Absicht in den drei Faktoren der Revolution des Bewusstseins ist notwendig. Logischerweise muss man, um das Erwecken des Bewusstseins zu erreichen, von Moment zu Moment, von Augenblick zu Augenblick, sterben.

Ein schlafender Mensch, der ein Glas Wein vor sich hat, endet betrunken. Wenn ein schlafender Mensch sich in Gegenwart des anderen Geschlechtes befindet, endet es mit Unzucht. Der Schlafende identifiziert sich mit allem, was ihn umgibt und vergisst sich selbst.

Mir kommt in diesem Moment der ungewöhnliche Fall von Ouspensky in den Sinn, der sich, als er durch die Straßen Sankt Petersburgs ging, vorgenommen hatte, sich nicht einen Moment lang selbst zu vergessen. Von Moment zu Moment erinnerte er sich, er sagte, dass er sogar einen spirituellen Aspekt in allen Dingen sah, er fühlte sich wie verwandelt und seine spirituelle Klarheit verbesserte sich, usw. Es geschah jedoch etwas sehr Seltsames ...

Plötzlich fühlte er die Notwendigkeit, in einen Tabakladen zu gehen, um seine Zigaretten herstellen zu lassen. Auf jeden Fall verließ er den Laden, nachdem er bedient wurde und seine Zigarettenbestellung abgefertigt worden war, und ging ruhig rauchend die Straße entlang. Er ging zu verschiedenen Plätzen in Sankt Petersburg, erinnerte sich an verschiedene Dinge, beschäftigte sich mit unterschiedlichen intellektuellen Themen, usw., d.h. er vertiefte sich in seine eigenen Gedanken.

Eineinhalb Stunden später war er zuhause. Plötzlich betrachtete er seine Wohnung genau, sein Schlafzimmer, sein Wohnzimmer, seinen Schreibtisch, usw. und erinnerte sich daran, dass er geschlafen hatte, dass er mit wachem Bewusstsein an vielen Orten gewesen war, und dass sich beim Betreten des Tabakladens seine guten Absichten, wach zu bleiben, zu kosmischem Staub verwandelt hatten. Er bedauerte den Fall. Nach dem Tabakladen hatte er eineinhalb Stunden gebraucht, um nach Hause zu kommen, diese ganze Zeit verbrachte er in den Straßen besagter Stadt mit vollständig schlafendem Bewusstsein.

Seht, wie schwer es ist, von Augenblick zu Augenblick, Moment zu Moment und von einer Sekunde zur anderen mit wachem Bewusstsein zu bleiben, und das ist das Erste: Sich nicht einen einzigen Augenblick lang selbst zu vergessen, wenn man wirklich danach strebt, zu erwachen.

Egal wo man sich befindet, in irgendeinem Raum, in den Straßen, zu Fuß oder im Auto, ob man verschiedene Orte besucht, am Tag oder in der Nacht, egal wo man ist, sei es in der Arbeit oder in der Werkstatt, wo auch immer, man muss sich an sich selbst erinnern. In Gegenwart irgendeines herrlichen Gegenstandes, irgendeines Schaufensters, wo schöne Sachen ausgestellt werden, kostbarer Schmuck, usw., darf man sich nicht selbst vergessen, sich mit nichts von dem, was einen fasziniert oder einem gefällt, identifizieren.

Es ist also notwendig, sich immer an sich selbst zu erinnern, nicht nur physisch, sondern seine eigenen Gedanken, Gefühle, Emotionen, Folgerungen, Verlangen, Ängste, Absichten, usw., usw., usw., und anderes Unkraut zu beobachten.

Der zweite Aspekt, der mir äußerst interessant erscheint, meine lieben Brüder, ist, sich nicht mit den Dingen zu identifizieren, wie wir schon sagten.

Wenn ihr einen schönen Gegenstand seht, einen Anzug im Schaufenster, eine Ausstellung von etwas oder eine Vorführung von was auch immer, wie einem sehr schönen Auto, oder nie gesehenen Schuhen, einem seltenen Tier oder einem fliegenden Elefanten oder einem Kamel, das mitten im Zimmer erscheint, usw., ist das Wichtigste, wachsam zu bleiben und sich mit nichts zu identifizieren und zwischen dem Normalen und Anormalen zu unterscheiden, denn das Erste, was man machen muss, ist nachdenken.

Man darf sich nicht mit dem Objekt, der Sache oder dem Geschöpf, das man sieht, identifizieren, denn wenn man sich mit dem identifiziert was man sieht, mit der Darstellung, die man vor den physischen Augen hat, dann geschieht es, dass man fasziniert wird, d.h. von der Identifikation geht es weiter zur Faszination und man bleibt verzaubert, verwundert, identifiziert, man vergisst sich selbst und fällt dann in einen tiefen Schlaf des Bewusstseins.

Mit dieser falschen Vorgehensweise, durch die man dummerweise fasziniert wird, ist das Einzige, was man erreicht, dass das Bewusstsein weiter schläft, meine lieben Brüder, und das ist sehr schwerwiegend, sehr sehr schwerwiegend.

In diesem Augenblick, in dem ich mich hier in diesem Park in der Hauptstadt von Mexiko unterhalte, kommt mir eine ungewöhnliche Erinnerung in den Sinn: Vor vielen, vielen Jahren, als ich in den südamerikanischen Ländern war und die Welt bereiste, wie man sagt, weil ich immer von einem Ort zum nächsten ging, geschah es, dass ich mich eines Nachts selbst durch einen Garten gehen sah, dann kam ich zu einem Raum, durchquerte ihn, und betrat schließlich das Büro eines Anwalts. Dort sah ich eine ältere Frau, mit grauen Haaren, sehr sympathisch, die mich vor einem Schreibtisch sitzend empfing und dann aufstand, um mich willkommen zu heißen.

Plötzlich sah ich, dass auf dem Schreibtisch zwei gläserne Schmetterlinge waren; gut, das ist an sich nichts Seltsames, zwei Schmetterlinge zu sehen, nicht wahr? Das Interessante daran war aber, dass die zwei Schmetterlinge Leben besaßen, sie bewegten ihre Flügel, ihre Köpfchen, ihre Beinchen. Das ist merkwürdig, nicht wahr? Das war etwas Ungewöhnliches und Seltsames, ein Paar gläserne Schmetterlinge, die lebendig waren; das ist nicht normal, natürlich ist das nicht normal, meine lieben Brüder, das ist schon seltsam, das ist ein Fall, bei den man sehr vorsichtig sein muss. Also gut, wisst ihr, was ich tat?

Ich identifizierte mich nicht mit dem Schmetterlingspaar, dachte nur nach, ich sagte mir selbst: Wie ist es möglich, dass es auf der Welt Schmetterlinge mit Glasflügeln gibt, mit einem Glaskörper, Glasbeinen, Glaskopf, die atmen und leben, wie natürliche Schmetterlinge?

So überlegte ich, meine lieben Brüder. Was, wenn ich mich mit den Schmetterlingen identifiziert hätte, ohne irgendeine Analyse zu machen, ohne über diese gläsernen Schmetterlinge nachzudenken? Wie würdet ihr denken, wenn ich mich fasziniert hätte, wenn ich bezaubert worden wäre und in die Unbewusstheit gefallen wäre? Also, das wäre unvernünftig gewesen, nicht wahr?

Aber ich überlegte, ich sagte zu mir selbst: Nein, das ist seltsam, das ist sehr merkwürdig, es ist unmöglich, dass es diese Art von Geschöpfen in der physischen Welt gibt, nein, nein, nein, das ist nicht normal, da liegt der Hund begraben, hier stimmt etwas nicht. Diese Art von Phänomenen gibt es, soweit ich weiß, nicht in der dreidimensionalen Welt, das ist nur möglich in der astralen Welt, es sei denn, ich bin in der astralen Welt. Bin ich vielleicht in der astralen Welt?

Da fragte ich mich selbst: Schlafe ich vielleicht, kann es sein, dass ich meinen physischen Körper vielleicht irgendwo zurückgelassen habe? Also das ist sehr seltsam und um meine Zweifel zu beseitigen, werde ich einen Sprung machen, mit der Absicht zu schweben, um zu sehen, ob ich im Astral bin oder was sonst passiert.

So sprach ich zu mir, meine lieben Brüder, ich sage euch mit Gewissheit, dass ich so vorging; natürlich musste ich so vorgehen, es gab keine andere Möglichkeit, nicht wahr? Es tat mir aber irgendwie leid, dort einen Sprung zu tun, vor dieser Frau. Also sagte ich zu mir selbst: Diese Frau kann glauben, dass ich nicht alle Tassen im Schrank habe, wenn ich hier in ihrem Büro Sprünge vollführe. Gleichwohl schien alles so normal, ein Schreibtisch wie jeder beliebige, ein Stuhl, auf den sich die Frau setzte, es war einer von denen, die sich von einer Seite zur anderen drehen, es gab zwei Kerzenhalter in diesem Büro, daran erinnere ich mich jetzt, einen rechts und einen links, sie schienen aus massivem Gold zu sein.

Daran erinnere ich mich sehr genau, meine lieben Brüder, auch wenn das vor langer Zeit war, vor vielen Jahren. Trotzdem erinnere ich mich daran, dass die Kerzenhalter sieben Arme hatten, ich war sehr jung zu jener Zeit. Gut, ich beteuere hier, ich fand nichts Seltsames in jenem Büro, alles war normal in diesem Anwaltsbüro, aber als ich den Blick auf die Schmetterlinge richtete, war das das einzig wirklich Merkwürdige.

Ansonsten sagte ich: Diese Frau hat nichts Seltsames an sich, sie ist so normal wie alle Frauen der Welt, aber diese Schmetterlinge lassen mir keine Ruhe, dass sie lebendig sind, ist sehr seltsam. Gut, wie dem auch sei, ich entschloss mich, hinauszugehen und tat das also mit der Absicht, einen kleinen Sprung zu tun, versteht ihr? Natürlich musste ich der Frau irgendeine Entschuldigung geben; ich bat um Erlaubnis, ich sagte ihr, dass ich einen Moment hinausgehen müsste, und ging hinaus.

Draußen auf dem Gang und sicher, dass mich niemand beobachtete, tat ich einen großen Sprung mit der Absicht, zu schweben. Und wie findet ihr das, wenn ich euch sage, was geschah, also ich sage euch einfach, dass ich sofort anfing in meiner Umgebung zu schweben.

Natürlich fühlte ich mich wunderbar, meine lieben Brüder, wunderbar. Ich sagte mir also selbst: Ich bin im Astralkörper, hier gibt es nicht den kleinsten Zweifel. Ich erinnerte mich daran, meinen physischen Körper schlafend im Bett zurückgelassen zu haben vor einigen Stunden, und dass ich im Astral wanderte und dorthin gelangte, zu diesem Anwaltsbüro.

Ich kehrte zu jenem Büro zurück, setzte mich wieder vor die Frau und sprach sie sehr respektvoll an, ich sagte zu ihr: Sehen Sie, gnädige Frau, wir sind im Astralkörper.

Die Frau sah mich kaum, sie hatte Augen wie ein Schlafwandler, verwundert.

Sie verstand mich nicht, sie begriff nicht. Ich wollte sie trotzdem etwas aufklären und sagte ihr: Gnädige Frau, erinnern Sie sich daran, dass sie sich vor mehreren Stunden schlafen gelegt haben, also sollten sie es nicht merkwürdig finden, was ich ihnen sage. Ihr physischer Körper ist im Bett und Sie sind hier im Astral und sprechen mit mir ...

Aber diese Frau hat ganz sicher nicht verstanden, sie war tief eingeschlafen, ihr Bewusstsein war eingeschlafen. Ich sah, dass alles unnütz war, ich verstand, dass diese arme Frau, die sich noch niemals dieser Arbeit des Erweckens des Bewusstseins gewidmet hatte, nicht einmal von Kanonenschüssen aufwachen würde, ganz ehrlich meine lieben Brüder, da entschuldigte ich mich und ging.

Ich möchte euch eine kuriose Sache erzählen, viele Jahre später, vielleicht 30 Jahre später, musste ich nach Taxco, Guerrero reisen. Taxco ist ein wunderschönes, im kolonialen Stil erbautes Dorf, an einem Berghang. Seine Straßen sind gepflastert wie in der Kolonialzeit und es ist sehr reich, es besitzt viele Silberminen, und es werden wunderschöne Gegenstände und Schmuck aus Silber verkauft.

Ich musste an jenen Ort reisen, weil dort jemand war, für den ich einige Heilmittel hergestellt habe, der also gesund werden wollte und wünschte, dass ich ihm bei seinem Heilungsvorgang half; es war ein armer, sehr kranker Patient ...

Gut, ich kam zu einem Haus, durchquerte den Garten einer wunderschönen Villa und kam ins Wohnzimmer, das ich sofort wiedererkannte. Dort war eine Frau, ich sah sie und erkannte sie wieder. Es war die gleiche, die ich vor vielen Jahren im Astral hinter dem Schreibtisch gesehen hatte, nur dass sie diesmal im Wohnzimmer war.

Sie lud mich ein, ein bisschen näher zu kommen und ich fand das berühmte Anwaltsbüro wieder, wohin ich vor vielen Jahren im Astral gekommen war. Jetzt war statt der Frau ihr Ehemann am Schreibtisch, ein gut ausgebildeter Mann, der aber den Anwaltsberuf ohne Titel ausübte und den man mancherorts Winkeladvokat nennt, gut, nennt ihn wie ihr wollt. Auf jeden Fall saß er dort in besagtem Büro. Er erhob sich, um mich zu begrüßen und ließ mich dann vor seinen Schreibtisch setzen. Ich erkannte sofort das Anwaltsbüro und die Frau wieder.

Es geschah also, weil diesem Mann die Studien spiritueller Art etwas gefielen, dass wir uns unterhielten und ein bisschen über diese Themen sprachen, denn ihm gefiel alles, was mit esoterischen Studien zu tun hatte. Dann überraschte ich ihn ein wenig, als ich ihm sagte:

Mein Herr, ich war vor einiger Zeit hier. Ich war im Astralkörper, außerhalb des physischen Körpers und Sie wissen, dass man sich von einem Ort zum anderen bewegen oder gehen kann. Der Mann kannte diese Dinge schon ein bisschen, und es kam ihm nicht merkwürdig vor.

Dann sagte ich ihm: Sehen Sie, auf diesem Schreibtisch waren zwei gläserne Schmetterlinge. Was ist passiert, wo sind die Schmetterlinge?

Da antwortete er mir schnell: Hier sind die Schmetterlinge, genau hier, sehen Sie. Er hob einige Zeitungen auf, die auf dem Schreibtisch lagen und genau dort waren sie, zwei wunderschöne Schmetterlinge aus Glas ...

Natürlich war der Mann sehr erstaunt, dass ich diese Schmetterlinge kannte. Dann sagte ich ihm: Aber es fehlt noch etwas. Ich sehe einen siebenarmigen Kerzenleuchter, aber es sind zwei. Wo ist der andere, was ist mit ihm geschehen?

Hier ist der andere, sehen Sie hier, antwortete mir der Mann aus dem Anwaltsbüro.

Er nahm einige Papiere und Zeitungen weg, die dort lagen, und holte den anderen Kerzenleuchter hervor, dieser tauchte auf, um meine Behauptungen noch einmal mehr zu bestätigen.

Natürlich war der Mann erstaunt.

Da sagte ich ihm: Sie sollten wissen, dass ich Ihre Frau kenne, als ich hierher kam, war Ihre Frau am Schreibtisch. Gut, der Mann war verwundert.

Zum Abendessen setzten wir uns alle um einen runden Tisch und dann geschah etwas wirklich Ungewöhnliches: Jene Frau sagte mir dort in Gegenwart desselben Herren:

Ich kenne Sie seit langer Zeit, ich weiß nicht genau, wo ich Sie gesehen habe ..., aber ich habe sie schon einmal vorher irgendwo gesehen. Auf jeden Fall sind Sie für mich kein Unbekannter.

Sofort stieß ich den Mann mit dem Ellenbogen an und sagte zu ihm: Sehen Sie? Haben meine Worte Sie überzeugt?

Gut, das Erstaunen jenes Herren erreichte seinen Höhepunkt. Leider, und das ist sehr schwerwiegend, meine lieben Brüder, war dieser Mann so von seiner Sekte, sagen wir romanischer Art, gefangen, dass er deshalb den Weg nicht betrat, wegen der Sekte.

Ah! Wenn nicht, hätte er den Weg genommen, weil ich ihm außergewöhnliche Beweise lieferte, Beweise, die für ihn überzeugend und unumstößlich waren, denn er blieb für immer in Staunen versetzt, nicht wahr?

Leider ließ ihn seine Religion nicht los, sie verwirrte ihn und er verwickelte sich in all den Lehren religiöser Art, usw., usw., usw. Gut, es sind schon viele Jahre vergangen, aber trotzdem konnte ich es nicht lassen, euch diese Geschichte zu erzählen.

Deshalb schlage ich die *Trennung der Aufmerksamkeit in drei Teile* vor:

1. Subjekt: D.h. man selbst. Man darf sich selbst nicht einen einzigen Augenblick lang vergessen.

2. Objekt: Alle Dinge beobachten, so wie in dem Fall von den Schmetterlingen, den ich euch geschildert habe.

Wie wäre es, wenn genau in diesem Moment, in dem ihr dieses Buch lest, ein Mensch käme, der schon vor vielen Jahren gestorben ist, und zu euch spräche? Wärt ihr so naiv, wärt ihr so zerstreut, dass ihr euch nicht selbst fragen würdet: Was ist das? Bin ich vielleicht im Astral?

Wärt ihr so unbekümmert, dass ihr das Experiment mit dem Sprung nicht machen würdet?

Also gut, vergesst nicht, dass jede Kleinigkeit, so unbedeutend sie auch sein mag, ein Grund sein sollte, diese Art von Überlegungen zu machen. Alles sollte eingehend studiert werden und man sollte sich fragen: Warum bin ich hier?

3. Ort: Man darf nicht unbewusst leben.

Wenn wir an irgendeinen Ort kommen, müssen wir ihn sehr genau und ausführlich betrachten und uns selbst fragen: Warum bin ich hier an diesem Ort? Und übrigens: Sie, die sie gerade dieses Buch lesen, sagen sie mir, haben sie sich schon gefragt, warum sie da an diesem Ort sind, wo sie gerade lesen?

Haben sie sich schon bemüht, ihren Ort anzusehen, das Dach oder die Wände, oder den Raum, der sie umgibt? Haben sie schon den Fußboden angesehen, oder den Platz über, unter, neben, hinter oder vor ihnen?

Haben sie schon die Wände und ihre Umgebung angesehen, um sich die Frage zu stellen: Wo sind sie? Und wenn sie das nicht getan haben, wie wäre es damit? Lesen sie dieses Buch vielleicht unbewusst?

Natürlich darf man nie unbewusst leben, egal wo man ist, egal wo man sich befindet, in einem Haus, auf der Straße, in einem Tempel oder einem Taxi, oder auf dem Meer oder in einem Flugzeug, etc.

Wo auch immer sie sind und wie auch immer es ihnen geht, das Erste, was man sich selbst fragen soll, ist: Warum bin ich an diesem Ort?

Betrachten sie ausführlich alles, was sie umgibt, das Dach, die Wände, den Fußboden. Diese Beobachtungen gelten nicht nur für den Park, das Haus oder den unbekannten Ort, sondern man sollte sein Haus täglich ansehen, jedes Mal, wenn man es betritt und zu jeder Zeit, als ob es etwas Neues oder Unbekanntes wäre.

Man sollte sich auch fragen: Warum bin ich in diesem Haus? Wie merkwürdig, und man sollte das Dach und die Wände und den Boden und den Hof, usw. ansehen, alles ganz genau, um sich die Frage zu stellen: Warum bin ich an diesem Ort? Bin ich vielleicht im Astral? Und man sollte einen kleinen Sprung tun, mit der Absicht zu schweben.

Wenn die Person nicht schwebt, aber fühlt, dass sie im Astralkörper sein könnte, dann möge sie sich auf einen nicht sehr hohen Stuhl oder Tisch, einen Sessel, einen Kasten oder so etwas Ähnliches stellen und einen kleinen Sprung tun, um zu sehen, ob man schwebt, denn es gibt Fälle, in denen man einen großen Sprung macht und trotzdem nicht schwebt.

Dann ist das Beste, auf etwas zu steigen, von dem man springen kann und auszuprobieren, ob man schwebt, wenn man in die Luft hüpft mit der Absicht, zu fliegen. Natürlich schwebt man weiter, wenn man sich im Astral befindet und wenn nicht, dann ist sowieso alles gleich.

Nicht vergessen: *Subjekt – Objekt – Ort*

Wenn man sich daran gewöhnt, immer mit der Aufmerksamkeit in drei Teile getrennt zu leben: Subjekt, Objekt und Ort, dann gewöhnt man sich auch daran, das täglich, in jedem Moment und jede Sekunde zu tun. Diese Gewohnheit gräbt sich also tief in das Bewusstsein ein, und in der Nacht, wenn ihr schlaft, werden die gleichen Übungen gemacht, die im Physischen gemacht werden und dann ist das Ergebnis das Erwecken des Bewusstseins.

Ihr wisst, dass man in der Nacht oft das macht, was man am Tag gewöhnlich macht. Viele arbeiten zum Beispiel am Tag in einer Fabrik oder als Vertreter, oder in einem Büro, und nachts sehen sie sich im Traum arbeiten, und sie machen dasselbe, was sie am Tag tun. Sie träumen, dass sie in der Fabrik oder im Büro sind, oder verkaufen, usw. Natürlich macht man in der Nacht all das, was man am Tag macht, d.h. man träumt es in der Nacht.

Das Wichtigste ist also die Praxis während des Tages, zu jeder Stunde, in jedem Moment oder jeder Sekunde, mit dem Ziel, es auch in der Nacht zu tun und das Bewusstsein zu erwecken.

Es ist klar, dass, wenn eine Person schläft, die Essenz vom Körper entfernt ist; dann geschieht es, dass sie fern vom Körper oder im Astral das Gleiche wiederholt, was sie am Tag macht. Und, wie findet ihr das?

Das gibt den Anstoß und führt zum Erwachen durch die Übung der Analyse und der Teilung der Aufmerksamkeit, verstanden?

Man erwacht automatisch, denn die Praxis der Übung gibt einem den Anstoß, und man bleibt wach. Wenn man schon wach im Astral ist, kann man die Meister anrufen, man kann zum Beispiel den Engel Anael rufen, oder Adonai, den Sohn des Lichtes und der Freude, oder den Meister Kuthumi, damit sie kommen, um einen zu belehren, zu unterweisen, usw., usw., usw., meine lieben Brüder.

Genauso könnt ihr jeden anderen Meister anrufen, Morya, den Grafen San German, usw., usw., usw., und diejenigen, die mich anrufen, können sicher sein, dass ich dem Ruf folge, da könnt ihr sicher sein.

Ich zeige euch also den Weg, die Lehren direkt zu erhalten, und wenn ihr euch an die vergangenen Leben erinnern wollt, ruft die Meister der Weißen Loge an: Kuthumi, Hilarion, Morya, etc. und bittet sie, dass sie so freundlich wären und die Güte hätten, euch an die vergangenen Leben erinnern zu lassen, euch die vergangenen Leben noch einmal erleben zu lassen. Ihr könnt sicher sein, dass der Meister euch eure Bitte erfüllen wird.

Dieses System, das ich euch allen gebe, ist, damit ihr das Wissen direkt erhaltet.

Ihr könnt auch ins östliche Tibet reisen, ihr könnt euch auch auf den Meeresgrund begeben, sogar zu anderen Planeten, wenn ihr wollt ...

Das ist also der Weg, um das Wissen direkt zu erhalten. Aus diesem Grund sage ich euch:

Erwachet, meine lieben Brüder, erwachet, erwachet! Fahrt nicht fort, mit diesem Leben der Unbewussten, der Schlafenden. Das ist sehr traurig, meine teuren Brüder. Seht selbst, wie die Schlafenden herumlaufen, unbewusst im Astral und nach dem Tod schlafen sie weiter, unbewusst und träumen Unsinn.

Sie werden geboren, ohne zu wissen, zu welcher Stunde, sterben, ohne zu wissen, zu welcher Stunde. Ich möchte nicht, dass ihr so weitermacht, mit diesem schrecklichen Unbewusstsein.

Ich möchte, dass ihr erwacht.

Das Trogo-Autoegokratische Gesetz

Im Namen der Wahrheit muss ich sagen, dass es ein großes Gesetz gibt, das man folgendermaßen nennen könnte: Das allgemeine kosmische Trogo-Autoegokratische Gesetz. Dieses Gesetz hat zwei Hauptfaktoren: fressen und gefressen werden. Die gegenseitige Ernährung aller Organismen. Zweifelsohne frisst der größere Fisch immer den Kleineren, und in den tiefen Urwäldern unterwirft sich immer der Schwächere dem Stärkeren; das ist das Gesetz des Lebens.

So vegetarisch wir auch waren, im schwarzen Grab wird unser Körper von den Würmern gefressen werden, und so erfüllt sich das allgemeine kosmische Trogo-Autoegokratische Gesetz.

Ohne Frage leben alle Organismen von allen Organismen. Wenn wir zum Beispiel ins Innere der Erde hinabsteigen, entdecken wir ein Metall, das den Evolutions- und Involutionskräften der Natur als Schwerkraft dient, ich möchte mich hier deutlich auf das Kupfer (Cu) beziehen.

Wenn wir den positiven Faktor der Elektrizität an besagtem Metall anwenden würden, könnten wir mit dem sechsten Sinn zum Beispiel wunderbare Evolutionsvorgänge in den Molekülen, in den Atomen bestätigen; und wenn wir die negative Kraft anwenden würden, würden wir das Umgekehrte sehen, involutive Vorgänge, sehr ähnlich denen der dekadenten Menschheit unserer Zeit. Die neutrale Kraft würde also das Metall in einem statischen oder neutralen Zustand erhalten.

Natürlich wird die Strahlung des Kupfers auch auf andere Metalle übertragen, die sich im Inneren der Erde befinden und umgekehrt; die Emanationen dieser Metalle werden vom Kupfer aufgenommen, und so ernähren sich die Metalle im Inneren der Erde gegenseitig; hier wirkt das allgemeine kosmische Trogo-Autoegokratische Gesetz.

Es ist wunderbar zu wissen, dass die Strahlung aller Metalle im Inneren der Erde, wo diese sich entwickeln, zu anderen Planeten des unendlichen Weltraums übertragen wird.

Die Strahlungen erreichen das Innere, d.h. sie gelangen bis in das lebendige Innere der Nachbarplaneten unseres Sonnensystems, diese Strahlungen werden von den Metallen im Inneren der Planeten aufgenommen und diese wiederum strahlen auch, und ihre Strahlungen sind energetische Wellen, die bis in das Innere unserer Welt gelangen, um die Metalle dieses unseres Planeten Erde, auf dem wir leben, uns bewegen und unser Sein haben, zu ernähren.

Alle Welten leben von allen Welten, das ist deutlich, unbestreitbar, offensichtlich, augenscheinlich und auf diesem Gesetz der gegenseitigen Ernährung der Planeten begründet sich das kosmische Gleichgewicht; das ist interessant, nicht wahr?

So wie sich die Welten gegenseitig ernähren, wie eine von der anderen lebt, so errichtet sich ein so wunderbares und vollkommenes planetarisches Gleichgewicht.

Das Wasser in den Welten ist, sagen wir, die Grundnahrung für die Kristallisation dieses großen allgemeinen kosmischen Trogo-Autoegokratischen Gesetzes.

Lasst uns einen Moment nachdenken: Was würde aus uns und aus unserem Planeten Erde, was würde aus den Pflanzen und aus allen tierischen Kreaturen werden, wenn das Wasser ausginge, verdampfte, verschwände?

Sicherlich würde sich unsere Welt in einen großen Mond, in einen kosmischen Kadaver verwandeln, das allgemeine kosmische Trogo-Autoegokratische Gesetz könnte sich nicht kristallisieren, alle Kreaturen würden vor Hunger sterben.

Dieses große Gesetz arbeitet in Einklang mit den Gesetzen des heiligen Triamazikano (der heiligen Drei) und des heiligen Heptaparaparshinok (Gesetz der Sieben). Beobachtet genau, wie diese Gesetze arbeiten: Ein aktives Prinzip zum Beispiel nähert sich einem passiven Prinzip, oder um deutlicher zu werden, das Opfer (passives Prinzip) wird vom aktiven Prinzip verschlungen, das ist das Gesetz, nicht wahr? Das aktive Prinzip wäre der positive Pol, das passive Prinzip wäre der Negative, und ein Prinzip, das beide vereint, ist die dritte Kraft, die Neutrale. Das Gesetz der Drei begründet sich also auf die drei Prinzipien: Heiliges Bejahen, Heiliges Verneinen und Heiliges Vereinen. Dieses Letztere ist die Kraft, die das Bejahen mit dem Verneinen vereint, und das Opfer wird verschlungen, natürlich von demjenigen, der nach dem Gesetz damit übereinstimmt, verstanden?

Der Tiger frisst zum Beispiel den demütigen Hasen; der Tiger wäre das Heilige Bejahen, der Hase das Heilige Verneinen, und die Kraft, die beide verbindet, ist das Heilige Vereinen, und so verwirklicht sich das allgemeine kosmische Trogo-Autoegokratische Gesetz.

Der Adler, zum Beispiel, wäre das Heilige Bejahen, das arme Küken wäre das Heilige Verneinen; er frisst es, und die dritte Kraft, das Heilige Vereinen, verbindet sie wie ein Einziges. Ist das grausam? Ja, aber nur scheinbar. Was sollen wir machen, das ist das Gesetz der Welten; dieses Gesetz hat schon existiert, es existiert und es wird immer existieren. Gesetz ist Gesetz, und das Gesetz setzt sich über Meinungen, Auffassungen, Gewohnheiten, usw., usw., usw., hinweg.

Aber lasst uns fortfahren, denn es ist notwendig, ein bisschen tiefer zu gehen, dieses Thema tiefer zu ergründen. Woher kommt in Wirklichkeit dieses allgemeine kosmische Trogo-Autoegokratische Gesetz? Ich sage euch, dass es vom aktiven Okidanok kommt, dem Allesdurchdringenden, dem Allwissenden, dem Allbarmherzigen.

Dieser aktive Okidanok wiederum, woher kommt er? Was ist sein "causa causorum"? Unbestreitbar, dieser Ursprung oder Grund ist nichts anderes als das heilige, absolute Solare. So also entspringt aus der heiligen absoluten Sonne der heilige Okidanok. Obwohl er, sagen wir, innerhalb der Welten bleibt, bleibt er nicht vollständig darin eingeschlossen, er kann nicht gefangen gehalten werden, obwohl er sich für seine schöpferische Manifestation in die drei bekannten Kräfte, positiv, negativ und neutral, entfalten muss.

Während der kosmischen Manifestation arbeitet jede einzelne der drei Kräfte unabhängig, aber immer mit ihrem Ursprung, dem heiligen Okidanok, verbunden. Nach der Manifestation verschmelzen oder vereinigen sich diese drei Faktoren oder Inhalte, positiv, negativ und neutral, wieder mit dem heiligen Okidanok, und am Ende des Mahamanvantara wird der heilige Okidanok vollständig und komplett im heiligen, absoluten Solaren wiederaufgenommen.

Meine lieben Brüder, seht also den Ursprung des ewigen allgemeinen kosmischen Trogo-Autoegokratischen Gesetzes. Von diesem Prinzip ausgehend bleibt der Vegetarismus in der Tat ohne Grundlage. Natürlich haben die fanatischen Vegetarier daraus eine Religion der Küche gemacht, und das ist sicherlich bedauerlich.

Die großen tibetischen Meister sind keine Vegetarier, und wer an meinen Worten zweifelt, möge das Buch mit dem Titel *Tieren, Menschen und Götter* lesen, das von einem großen polnischen Entdecker geschrieben wurde, der in Tibet war und von den Meistern empfangen wurde. Das Interessante an dem Fall ist, dass bei großen Banketten und Festen, bei denen er teilnahm, Rindfleisch das Grundnahrungsmittel bildete.

Den Fanatikern des Vegetarismus werden meine Worte absurd erscheinen, Ossendowski, der Autor des zitierten Buches, wird sich jedoch freuen, weil er sieht, dass ich diesen wichtigen Aspekt verstanden habe.

Es ist also absurd, zu behaupten, dass die großen Meister in Tibet Vegetarier sind. Als der große Eingeweihte San German, der Prinz Rakoczy, der große Meister der Weißen Loge, der den Strahl der Weltpolitik regiert, während der Epoche Ludwig XV arbeitete, trat er, deutlich gesagt, nicht als Vegetarier auf; man sah, dass er bei Festen von allem aß, manche machten sogar Bemerkungen darüber, wie er zum Beispiel das Hühnerfleisch genoss. Woher kam also diese Sache des Vegetarismus?

Zweifelsohne ist die vegetarische Schule gegen das ewige allgemeine kosmische Trogo-Autoegokratische Gesetz, das ist klar. Auf der anderen Seite dürfen die tierischen Proteine in keiner Weise vernachlässigt werden, denn sie sind unentbehrlich für die Ernährung.

Ich war ein fanatischer Vegetarier, und im Namen der Wahrheit sage ich euch, dass ich von diesem System enttäuscht wurde. Ich erinnere mich noch an jene Zeit in der Sierra Nevada, ich wollte einen armen Hund dazu bringen, hundert Prozent Vegetarier zu werden. Das Tier lernte, integrierte sich in das System, aber als es gelernt hatte, starb es. Ich beobachtete jedoch die Symptome dieser Kreatur, die Schwäche, die sie zeigte, bevor sie starb.

Viel später in der benachbarten Republik El Salvador tauchten bei mir eines bestimmten Tages dieselben Symptome auf, als ich nach Hause zurückkehrte und eine lange Straße hinaufging, die eher senkrecht als waagrecht war, sie war jedenfalls äußerst steil. Ich schwitzte fürchterlich und meine Schwäche nahm mit jedem Schritt schrecklich zu, ich glaubte, ich würde sterben.

Es blieb mir keine andere Wahl, als die Meisterin Litelantes, meine Ehefrau, zu rufen und sie zu bitten, mir Rindfleisch zu braten, das tat sie und ich aß. Meine Energien kehrten in den Körper zurück, ich fühlte, dass ich wieder lebte… Seitdem bin ich von diesem System enttäuscht.

Hier in Mexiko lernte ich den Direktor einer Vegetarierschule kennen, ich lernte ihn in einem vegetarischen Restaurant kennen. Dieser Mann war Deutscher, sein Körper wurde fürchterlich, entsetzlich schwach, bis die gleichen Symptome wie bei dem Hund meines Experiments, auftraten. Der unglückliche Mann starb am Ende schrecklich geschwächt.

Ich kannte auch Lavahniny, er war Yogi, Gastronom und ich weiß nicht was noch alles, ein fanatischer, unerträglicher Vegetarier; er vertrat hier in Mexiko die Universität der Tafelrunde. Durch den Vegetarismus wurde sein Organismus schrecklich geschwächt, er zeigte die Symptome wie jener arme Hund meines Experiments und starb.

Meine lieben Freunde und Brüder, die ihr dieses Buch lest, ihr solltet wissen, dass das allgemeine kosmische Trogo-Autoegokratische Gesetz existiert, und dass es nutzlos ist, zu versuchen, diesem heiligen Gesetz zu entfliehen, das, wie ich bereits sagte, dem aktiven Okidanok entspringt, und dass es nicht möglich ist, das Gesetz zu ändern.

Ich mochte damit nicht sagen: Wir müssen auf übertriebene Weise wieder zu Fleischfressern werden, nein; es ist besser, ein bisschen ausgeglichen zu sein. Doktor Arnold Krumm Heller sagte, dass unsere Nahrung zu 25% aus Fleisch bestehen sollte, und hier bin ich mit dem Meister Huiracocha einer Meinung.

Ich wiederhole: Egal wie vegetarisch wir auch werden, das Gesetz erfüllt sich, und wenn wir ins Grab kommen, fressen die Würmer unseren Körper, ob es uns gefällt oder nicht, denn Gesetz ist Gesetz; das ist einleuchtend, oder? Die Kühe sind hundert Prozent Vegetarier und trotzdem haben wir, wie ein großer Eingeweihter sagte, noch nie eine eingeweihte Kuh gesehen. Wenn wir uns, indem wir kein Fleisch mehr essen würden, selbst-verwirklichen könnten, kann ich euch versichern, dass ich, selbst wenn ich sterben würde, kein Fleisch mehr essen würde und wir würden alle aufhören Fleisch zu essen.

Aber niemand wird vollkommener werden, weil er aufhört Fleisch zu essen, und einige sagen sogar, warum sollten sie ihrem Organismus tierische Elemente zuführen, wenn sie schon auf dem Pfad der Vollkommenheit sind, usw., usw., usw. Diejenige, die solche Dinge sagen, ignorieren ihre eigene innere körperliche Konstitution, es wäre besser, wenn sie ein Stück Fleisch essen und nicht mit den tierischen Aggregaten, die sie in ihrer Psyche tragen, fortfahren würden.

Der menschliche Körper hat als Fundament einen Vitalkörper, den Lingam Sarira, von dem die Theosophen sprechen, und darüber hinaus, was ist es, was in den Organismen dieser intellektuellen Menschenwesen noch existiert? Die tierischen Aggregate, jene psychischen Aggregate, die unsere Fehler personifizieren, diese bestialischen Ungeheuer unserer Leidenschaften.

Es ist also besser, diese Ungeheuer auszulöschen, als sich um das kleine Stückchen Fleisch, das zum Essen auf dem Tisch serviert wird, zu sorgen. Wenn wir Rindfleisch oder Huhn essen, schaden wir uns in keinster Weise, aber mit all diesen bestialischen Aggregaten, die wir in uns tragen, schaden wir nicht nur uns selbst, sondern wir schaden auch unseren Nächsten, das ist das Schlimmste.

Sind der Zorn, die Habgier, die Lüsternheit, der Neid, der Stolz, die Faulheit, die Gefräßigkeit vielleicht Kleinigkeiten? Und was sollen wir über all diese Bestien sagen, die wir in uns tragen und die die üble Nachrede, die Verleumdung, das Geschwätz, usw. bilden?

Es ist besser, wenn wir uns nicht zu sehr die Hände in Unschuld waschen, indem wir uns als Heilige rühmen. Es ist die Stunde gekommen, verständnisvoller zu werden. Das Wichtigste ist, hier und jetzt in sich selbst zu sterben; trotzdem möchte ich das Auswählen der Nahrungsmittel auch nicht ablehnen. Auf jeden Fall würde ich z.B. von Schweinefleisch abraten, da man weiß, dass dieses Tier aussätzig ist und eine äußerst brutale Psyche besitzt, die unserem Organismus schadet.

Gesunde Ernährung, Rindfleisch, Huhn ist gut, aber ohne in Übertreibungen zu verfallen, denn diese sind schädlich, abträglich.

Gut, meine lieben Brüder, ich glaube, dass ihr mit dem, was ich euch über den Vegetarismus erzählt habe, genügend Anweisungen bekommen habt, um zu wissen, wie ihr euren Körper ernähren sollt, damit ihm weder etwas fehlt noch zuviel ist, und er sich im perfekten Gleichgewicht befindet, das ist alles.

Übungen der Lamaserie

Es ist wichtig, zu wissen, dass im menschlichen Körper, im zellularen Körper, einige Chakras existieren, die wir als spezifisch, speziell für das organische Leben, bezeichnen könnten. Sie sind eine Art Wirbel, durch die das Prana, das Leben, in unseren Organismus eintritt. Das Erste befindet sich im Hinterkopf, das Zweite auf der Stirn, das Dritte ist der Kehlkopf. Das Vierte ist die Leber. Das Fünfte ist die Prostata und außerdem gibt es zwei weitere in den Knien, insgesamt sieben.

Diese sieben Chakras sind die Basis, ich wiederhole, für das Leben des physischen Organismus, und durch sie tritt das Prana, das Leben, in den Vitalkörper, dieser ist der Sitz aller organischen Aktivität.

Das Kehlkopfchakra, zum Beispiel, steht in enger Beziehung mit dem Prostatachakra, und deshalb muss man auf die Stimme, auf das Wort, achtgeben.

Wir müssen sorgfältig schrille oder zu tiefe Töne der Stimme vermeiden. Wenn wir das Leben vieler gebrechlicher Greise ansehen, können wir genau beobachten, dass sie viele, sagen wir, schrille Töne ausstoßen und das entstellt ihre sexuelle Potenz oder zeigt Impotenz an. Dasselbe geschieht bei jenen zu tiefen Tönen, sie entstellen auch die sexuelle Potenz.

Die Stimme des Mannes sollte also innerhalb des Normalen gehalten werden und die der Frau sollte nicht zu tief und nicht zu schrill sein, denn dies entstellt die sexuelle Potenz, wegen der engen Verbindung zwischen dem Kehlkopf und dem Sexualzentrum.

Man könnte argumentieren, dass die Frau keine Prostata besitzt und so ist es auch, aber sie hat ein Chakra, das mit dem Uterus in Verbindung steht, der eine sehr wichtige Rolle bei der Frau spielt, so wichtig, wie das Chakra der Prostata im Mann. Dieses Chakra in der Frau könnten wir Uteruschakra nennen, und wir kennen bereits die Wichtigkeit des Uterus in der Frau.

Nach dieser kurzen Einleitung werden wir zum Wohle unserer gnostischen Brüder etwas erzählen, was als Information sehr wichtig ist.

In Indien lebte seit einiger Zeit ein pensionierter englischer Oberst, ein Mann von etwa 70 Jahren, der einen jungen Freund hatte. Jener Oberst hörte von einer Lamaserie, die es in Tibet geben sollte, wo die Menschen sich verjüngten, wo viele Menschen alt hinkamen und jung weggingen.

Aber gut, das werde ich dir noch genau erzählen, für den Moment will ich dir nur den Grund, das Motiv dieser sechs Riten erklären, die es möglich machen wieder Jung zu werden, das was jener englische Oberst suchte.

Das Erste, was wir tun müssen, ist nach Gesundheit zu streben, denn ein gesunder Körper ist zu allem gut, hält alles aus und dient jederzeit dazu, für die materielle und spirituelle Arbeit beansprucht zu werden.

Der Körper muss also zuerst geheilt werden und dann das ganze Leben lang gesund erhalten werden; das andere ist, ihn in gutem Zustand zu halten, denn was sollte man mit einem kranken Körper anfangen? Es ist klar, dass ein Esoteriker, ein Eingeweihter, niemals krank sein darf. Krankheiten und große Probleme sind für die Menschen, die nicht auf dem wahren Weg sind. Wer auf dem Pfad ist, darf weder gebrechlich noch krank sein, das ist klar.

Somit gibt es eine Reihe von sehr wichtigen esoterischen Übungen. In der Esoterik hat man zum Beispiel viel über Kundalini Yoga gesprochen, über das Viparita-Karani-Mudra, über die tanzenden Derwische, d.h. die wirbelnden Derwische.

In Pakistan und Indien gibt es Derwische, die wissen, bestimmte herrliche Tänze aufzuführen und durch diese bestimmte Kräfte zu erwecken, sie entwickeln bestimmte Chakras. Es ist wichtig, all das zu wissen, wenn man es schaffen will, einen jungen Körper zu bekommen oder die Chakras zu entwickeln. Sehen wir uns diese Reihe von Übungen also an.

Die Jungen schätzen den Wert der Jugend nicht, denn sie sind jung, aber die Alten schätzen diesen Reichtum, den die Jugend darstellt, sehr wohl. Mit diesen sechs Riten, die wir üben werden, kann ein alter Mensch sich verjüngen. Natürlich kann ein junger Mensch sich mit diesen Riten jung erhalten und ein Alter wieder jung werden.

Mit diesen Übungen kann sich jeder Mensch von seinen eigenen Gebrechen heilen. Hier werden wir den Mayurasana, die kniende Position, die Tischstellung, sehen, die man in einigen heiligen Ruinen, usw. findet. Es ist eine Synthese esoterischer Übungen, nachgewiesen in Indien, Persien, Pakistan, Turkistan, Yukatan, Mexiko, usw. Ich habe einige Veröffentlichungen gesehen, aber sie lehren die ausgeglichene Formel, die man benötigt, nicht. Das, was ich dich lehren werde, ist sehr wichtig und du kannst es dort in Südamerika an alle Brüder der gnostischen Bewegung weitergeben.

Einerseits damit die Älteren sich verjüngen können, Männer von siebzig Jahren zum Beispiel können sich in Personen von 35 oder 40 Jahren verwandelt. Man könnte mich fragen, warum ich nicht jünger aussehe; einfach weil ich nicht daran interessiert war, meinen physischen Körper zu erhalten, aber jetzt, wo ich informiert wurde, dass ich diesen Körper eine unbestimmte Zeit lang erhalten soll, um das Zeitalter des Aquarius einzuführen, ist es klar, dass ich diese Übungen praktizieren muss.

Einmal sah ich eine Veröffentlichung, die mir aus Costa Rica geschickt wurde, sie enthielt solche Riten, denn diese Riten sind niemandes exklusives Eigentum. Es gibt also einige Lamaserien im Himalaya und andere Orte, wo man sie praktiziert, vor allem eine Lamaserie, die sich *Quelle der Jugend* nennt, aber natürlich fand ich, obwohl ich dort viele Übungen praktizierte, nicht die ganzen Dokumentationen in der genannten Veröffentlichung.

Ich fand auch einige zusammengetragene Daten derselben Lamaserie, die ich sehr gut kenne, so wie ich auch andere Schulen kenne, die es in Indonesien gibt. Es ist keine große Mühe ein bisschen durch Turkistan, Persien, Pakistan, usw. zu reisen und dort etwas über die tanzenden Derwische kennenzulernen.

Man muss ein bisschen über das meditieren, was es bedeutet auf den Knien zu sein; als Kind praktiziert man unbewusst bestimmte Übungen. Auf jeden Fall fand ich in dieser Veröffentlichung eine sehr interessante Geschichte und ich werde dir nun die Geschichte des englischen Oberst genau erzählen, damit du eine genaue und vollständige Idee von den Vorzügen dieser Übungen bekommst, die ich dich lehren werde.

In dieser Zeitung wurde der Fall des englischen Oberst erzählt, der im Alter von 70 Jahren dort in Indien erfuhr, dass in Tibet eine Lamaserie existierte, wo die Leute sich verjüngen konnten. Er lud einen Freund ein, aber sein Freund war jung; natürlich wollte dieser nicht auf ihn hören, er sagte, wofür, wo er sich doch jung fühlte, zu welchem Zweck sollte er auf die Suche nach Verjüngung gehen.

Am Tag des Abmarsches des armen Alten lachte sein junger Freund, wie zu vermuten, ziemlich, als er den armen alten Siebzigjährigen mit seinem Stock, seinem kahlen Kopf, einigen wenigen weißen Haaren und sehr alt, auf der Suche nach Verjüngung in Richtung Himalaya reisen sah.

Der junge Freund dachte im Stillen: Wie merkwürdig ist dieser alte Mann, er hat schon sein ganzes Leben gelebt und möchte es noch einmal leben. Er sah natürlich, wie jener wegging, und das Einzige, was dies in ihm hervorrief, war Lachen.

Das Erstaunliche an diesem Fall ist, dass nachdem mehr oder weniger vier Monate vergangen waren, der junge Freund des Oberst einen Brief von dem Alten erhielt, in dem er ihn informierte, dass er schon auf der Spur dieser Lamaserie, genannt *Quelle der Jugend* war. Das brachte ihn zum Lachen, und dabei blieb es.

Auf jeden Fall geschah vier Jahre später etwas, was kein Grund zum Lachen war: Jemand klopfte an die Haustür des jungen Mannes und dieser öffnete:

Ja bitte, was möchten Sie?

Der gerade Angekommene, der einem Mann von 35 oder 40 Jahren glich, sagte:

- Ich bin der Oberst soundso.

- Ah!... sagte der junge Mann, sie sind der Sohn des Oberst, der zum Himalaya gegangen ist?

- Nein, antwortete der Mann, ich bin der Oberst selbst.

- Aber wie ist das möglich, wo ich doch den Oberst kenne, er ist mein Freund und ist ein armer alter Mann, und sie sind nicht alt.

- Ich sage ihnen noch einmal, ich bin der Oberst, der ihnen vier Monate nach der Abreise in einem Brief mitgeteilt hat, dass er die Spur gefunden hatte, um zur Lamaserie zu gelangen.

Er zeigte dem jungen Mann seinen Ausweis, und dieser war natürlich sehr überrascht.

Das Erstaunliche daran ist, dass dieser Oberst dort im Himalaya viele junge Leute sah, mit denen er sich dort in der Lamaserie „Quellen der Jugend" anfreundete. Es gab keinen einzigen alten Menschen dort, alle waren jung; der einzige Alte war er, die Anderen waren Menschen von 30, 35 oder 40 Jahren. Später aber, als er sich mit Vielen gut angefreundet hatte, entdeckte er, dass sie alle mehr als hundert Jahre alt waren, d.h., dass alle älter als er waren, aber niemand alt aussah.

Natürlich war der Oberst erstaunt. Er unterwarf sich der esoterischen Disziplin der Lamaserie und schaffte es, seine Jugend zurückzuerobern.

Diese ganze Geschichte sah ich in dieser Veröffentlichung, die mir geschickt worden war, aber ich kenne diese Lamaserie persönlich. Ich bin dort gewesen, es ist ein ziemlich großes Gebäude mit riesigen Innenhöfen; in einem Innenhof arbeiten die Männer, in einem anderen arbeiten die eingeweihten Frauen. Es gibt in dieser Lamaserie nicht nur tibetische eingeweihte Frauen, sondern auch Engländerinnen, Französinnen, Deutsche und Frauen aus verschiedenen europäischen Ländern.

Ich kenne alle Übungen, die dort seit alten Zeiten gelehrt werden. Ich habe bei den Mohammedanern die wirbelnden Bewegungen kennengelernt, die einen Teil der esoterischen Aspekte des Islam darstellen und die, wie schon gesagt, von den tanzenden Derwischen praktiziert werden.

Was die Kniestellung betrifft, so entstammt sie der esoterischen Mystik, besondere technische Bewegungen; die Tischstellung findet man in Yucatan; die Stellung, die *Eidechse* genannt wird, die eine Übung ist, um den Bauch zu verringern, ist dokumentiert in Hindustan, im Kundalini Yoga, sie wird einfach Mayurasana genannt.

Die Stellung mit den Beinen nach oben ist oft dokumentiert und ist immer als Viparita-karana-mudra bekannt und befindet sich in vielen heiligen Texten. Es gibt auch das berühmte Vajroli-mudra, das der sexuellen Umwandlung der Ledigen dient und es hilft auch denjenigen, die mit dem Sahaja Maithuna arbeiten.

Diese Reihe von Übungen ist also nicht exklusives Eigentum einer einzigen Person. Es wurden, wie ich sagte, viele Veröffentlichungen gemacht, aber nur wenige kennen den esoterischen Teil.

Ich kenne den esoterischen Teil, nicht nur durch diese zitierte Veröffentlichung aus Costa Rica oder viele andere, die wir gesehen haben und die von diesen esoterischen Übungen sprechen, sondern schon seit langer Zeit; ich kenne ihn praktisch seit Lemurien, denn das Viparita-karana-mudra zum Beispiel praktizierte ich intensiv, als ich auf dem Kontinent Mu oder Lemurien reinkarniert war, und ich weiß, dass das sehr wichtig ist.

Nun werde ich dich den praktischen Teil lehren; danach kannst du den Brüdern der gnostischen Bewegung alles was du hier im patriarchalischen Sitz der gnostischen Bewegung in der Hauptstadt von Mexiko gelernt hast, weitergeben, und es würde mich sehr freuen, wenn alle die sechs Riten lernen würden. Das, was ich dich lehren werde, ist nicht nur eine rein physische Übung.

Die Lamas, die in der Lamaserie *Quelle der Jugend* arbeiten, praktizieren diese Riten; sie benutzen den Gebetsteppich, einen kleinen Teppich, auf dem sie die Übungen machen können.

Sie legen sich hin, knien sich hin, setzen sich, usw., und zu jeder Stellung gehört eine Meditation oder ein Gebet, d.h. jeder Veränderung in der Stellung entspricht eine Intensivierung in einem der mystischen Aspekte, je nachdem, worum es sich handelt.

Die Göttliche Mutter Kundalini ist das Zentrum jedes Sadhana. Während man diese Praktiken ausübt, befindet man sich in vollständiger Konzentration, im Gebet, man fleht die heilige Mutter an und bittet um das, was am dringendsten notwendig ist. Durch sie kann man den Logos bitten; sie vermittelt vor dem Logos, sie bittet mit einem und fleht für einen. Sie hat große Macht.

Man fleht sie an, die heilige Mutter, dass sie vor dem Dritten Logos (Heiligen Geist) für einen vermittelt und dass sie den Logos um Heilung, das Erwecken des Bewusstseins, das Erwecken dieses oder jenes Chakras, usw. bittet.

Jede Stellung ist anders und bedeutet, das Gebet, die Bitte, das Anflehen, zu verstärken. In diesen Übungen der Meditation, Konzentration und des Bittens kann man seine Göttliche Mutter Kundalini anflehen, dass sie selbst ihren heiligen Gatten anruft, den göttlichen Dritten Logos, den gesegneten Heiligen Geist. Wir wissen genau, dass der Gatte der göttlichen Mutter der Heilige Geist ist.

Man muss die Göttliche Mutter intensiv anflehen und bitten, dass sie ihren göttlichen Gatten anfleht und bittet, dass er uns heilt, uns von jeder Krankheit oder jedem Schmerz befreit, von allem, was uns quält.

Dann wird sie sich auf den Logos, ihren Mann, den Archihierophanten oder Archimagier, wie er genannt wird, konzentrieren, damit er kommt und dieses oder jenes kranke Organ heilt, das unsere Leistung hemmt.

In diesen Augenblicken sollte man sich mit dem Logos, mit dem Heiligen Geist, identifizieren und dem kranken Organ auf außerordentliche, gebieterische Weise befehlen:

Heile! Heile! Heile!

Arbeite! Arbeite! Arbeite!

Man muss zu diesem Organ mit wahrem Glauben, mit Energie, mit Mut sprechen, denn es muss gezwungenermaßen heilen.

Man muss sich entschlossen auf jede Zelle des kranken Organs, auf jedes Molekül, auf jedes Atom, auf jedes Elektron des kranken Organs konzentrieren und ihm befehlen, dass es arbeiten möge, dass es genesen möge, dass es heilen möge, tief auf den Logos konzentriert, vollständig mit dem Heiligen Geist identifiziert, der in diesen Augenblicken die Heilung vornimmt und das kranke Organ gesund macht. So wird dieses Organ gesund werden müssen, es wird heilen müssen, das ist klar.

So ist es also ratsam, dass jeder lernt, sich selbst zu heilen. Durch die Kraft des Heiligen Geistes kann man es schaffen, selbst gesund zu werden und jede Krankheit zu heilen. Krank zu sein ist sehr traurig, sehr schmerzvoll, und wer auf dem Pfad schreitet, soll nicht krank sein.

Mit diesen Übungen werden also die Chakras entwickelt und gleichzeitig wird der Organismus geheilt. Es gibt sehr wichtige Chakras, da ist zum Beispiel das Chakra des Hinterkopfes, das eine Tür ist, durch die Kräfte in den Organismus treten; das Stirnchakra ist eine andere Tür, durch die die Lebenskräfte in den Organismus eindringen, wenn sich die Chakras entwickeln.

Das Kehlkopfchakra, wie ich schon sagte, steht in enger Beziehung mit dem Prostatachakra, das der Sexualität angehört; diese beiden Chakras sind wichtig für die Gesundheit des Organismus. Es gibt das Leberchakra, das, wie man weiß, ein wahres Laboratorium ist; man muss es entwickeln, damit die Leber richtig arbeitet, denn wenn die Leber gut arbeitet, funktioniert der Organismus sehr gut.

Es gibt auch die Chakras der Knie, es sind zwei, eines in jedem Knie und sie sind lebenswichtig für den menschlichen Körper, diese Kraftwirbel müssen sich intensiv drehen damit das Leben, das Prana, die Gesundheit in den physischen Körper eindringt.

Erste Übung

Der Schüler stellt sich aufrecht hin, die Armen zu beiden Seiten ausgestreckt, in Form eines Kreuzes. Dann beginnt er, sich im Uhrzeigersinn zu drehen (Zeichnung 1). Natürlich drehen sich auch die Chakras, wenn man diese Übung mit etwas Intensität und eine gewisse Zeit lang macht.

Zeichnung 1

Wir müssen so tun, als ob wir in der Mitte einer Uhr stünden und uns wie die Uhrzeiger drehen, bis wir zwölf Runden beendet haben. Natürlich beginnen manche mit wenigen Drehungen, bis der Tag kommt, an dem sie alle zwölf schaffen. Die Drehungen werden mit offenen Augen gemacht; wenn man mit den Drehungen aufhört, schließt man die Augen, um nicht hinzufallen, denn man wird etwas schwindelig, je nachdem wie viele Drehungen man geschafft hat. Man muss es schaffen, die ganze Übung zu machen, d.h. zwölf Runden.

Mit geschlossenen Augen bleibt der Schüler stehen, bis das Schwindelgefühl verschwunden ist. Währenddessen fährt er fort, zu bitten und zu beten und fleht die Göttliche Mutter an, damit sie ihren Göttlichen Gatten bittet, dass er die Heilung dieses oder jenes kranken Organs gewährt.

Der Schüler ist vollständig mit dem Logos identifiziert und bittet die Göttliche Mutter innigst, damit sie vor dem Logos für den Schüler vermittelt.

Man muss sich von links nach rechts drehen, denn bei den Medium Spiritisten drehen sich die Chakras von rechts nach links auf negative Art und Weise, und das hilft nichts. Wir sind keine Medien oder Ähnliches. Also ist das System, das ich euch zeige, wunderbar, denn es erlaubt die Entwicklung der Chakras und die Heilung von Krankheiten. Alle Übungen ergänzen sich.

Wenn ihr die Übung ausführt, müsst ihr euch tief auf die Göttliche Mutter Kundalini konzentrieren und euch mit militärisch geschlossenen Füßen, in aufrechter Position, mit ausgebreiteten Armen, von links nach rechts drehen und aufs Innigste das erbitten, was ihr am meisten wünscht. Zuerst die Heilung aller kranken Organe und dann das Drehen der Chakras. Wenn die Chakras sich von links nach rechts drehen, so wie die Zeiger einer Uhr, dann drehen sie sich positiv; somit dreht euch also mit der Geschwindigkeit, die ihr für gut haltet.

Wahrend dieser Drehungen müsst ihr euch auf eure Göttliche Mutter Kundalini konzentrieren und sie bitten, dass sie den Heiligen Geist anruft und ihn um Heilung des erkrankten Organs anfleht, dass sie den Logos bittet, es zu heilen. Außerdem, und das ist sehr wichtig, muss man dieses kranke Organ öffnen, indem man sagt:

Sesam öffne dich!

Dieses mächtige Mantram aus Tausend und einer Nacht sollte man mindestens drei Mal wiederholen. Die Menschen haben immer geglaubt, es sei nur ein schönes Märchen, in dem das Mantram vorkommt, und haben ihm nicht viel Beachtung geschenkt, aber „Sesam öffne dich!“ ist ein wahres Mantram. Mit „Öffne dich Sesam“ befiehlt man dem kranken Organ, dass es die heilende Lebenskraft erhält, dann dringt die Kraft des Heiligen Geistes in das Organ ein und natürlich wird es gesund, es wird mit der Kraft des Dritten Logos geheilt, aber man muss dies mit viel Glauben und Glauben und Glauben tun.

Zweite Übung

Ihr habt nun aufgehört, euch zu drehen und eure Augen geöffnet.

Dann legt ihr euch in Rückenlage auf den Boden, d.h. mit dem Gesicht nach oben, den Fersen zusammen und den Füßen nach außen, mit gestreckten Beinen, die Arme nach beiden Seiten waagrecht ausgebreitet und schaut zum Himmel oder der Zimmerdecke.

In dieser Stellung intensiviert man die Konzentration, die Meditation mit der Göttlichen Mutter Kundalini, die man bittet und anruft, dass sie das erkrankte Organ heile. In diesem Augenblick können diejenigen, die keine Heilung brauchen, irgendeine andere Notwendigkeit erbitten, zum Beispiel, dass die Göttliche Mutter dieses oder jenes psychologische Ich auslöschen möge, diesen oder jenen psychischen Defekt, oder dass sie diese oder jene Fähigkeit oder Macht erweckt, usw. Man hat das Recht, zu bitten, dazu sind diese Übungen da.

In dieser Stellung mit dem Rücken auf dem Boden bittet man, und man intensiviert das Gebet, die Bitte, vollständig mit dem Dritten Logos identifiziert. Auf diese Weise liegend, könnt ihr jetzt in dieser Stellung (Zeichnung 2) flehen und bitten.

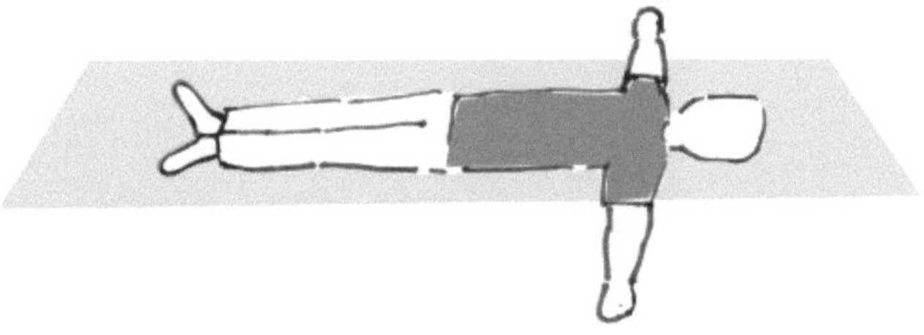

Zeichnung 2

Dritte Übung

Nachdem ihr euch hingelegt und eure Bitten gemacht habt, hebt ihr jetzt eure Beine in eine senkrechte Stellung (Zeichnung 3). Es ist jetzt nicht mehr nötig, die Arme ausgebreitet zu haben. Mit den Händen kann man helfen, die Beine zu halten. Man muss versuchen, sie so senkrecht wie möglich zu halten, so wie auf der Zeichnung 3, ohne das Gesäß zu heben, oder deutlicher gesagt, die Hüften sollten fest auf dem Boden liegen, flach auf dem Boden. Das heißt im Orient Viparita-karani-mudra.

In dieser Stellung fließt das Blut zum Kopf, gelangt zum Gehirn und bringt bestimmte Teile zum Arbeiten. Es stärkt alle Sinne, denn es ist wichtig, gut zu sehen, riechen, fühlen, hören, schmecken, usw. Der Schüler verweilt in dieser Position und intensiviert seine Bitten an die Göttliche Mutter Kundalini, betet und fleht sie an, dass sie uns helfe, durch ihren heiligen Gatten die Gunst zu erhalten, die wir brauchen, die Heilung, die Fähigkeit, die Auflösung des psychologischen Aggregats, usw.

Gut, damit ist es genug. Ihr habt die Übung gemacht, die Göttliche Mutter gebeten, dass sie den Dritten Logos ruft und ihr seid vollständig mit ihm identifiziert, damit er euch heilt oder diese oder jene Kraft erweckt, usw. Diese drei Übungen sind ergänzend und entsprechen genau den Zeichnungen 1, 2 und 3.

Wie ich schon sagte, dienen diese Übungen auch dazu, die Chakras zu erwecken und so kann der gnostische Schüler sich auf den Weg begeben, das Bewusstsein zu erwecken.

Vor allem muss man es in die Praxis umsetzen, ihr kennt den Tanz der Derwische bereits, das sind die Drehungen, das Viparita-karani-mudra und andere Stellungen. Erinnert euch daran, dass ihr das Organ

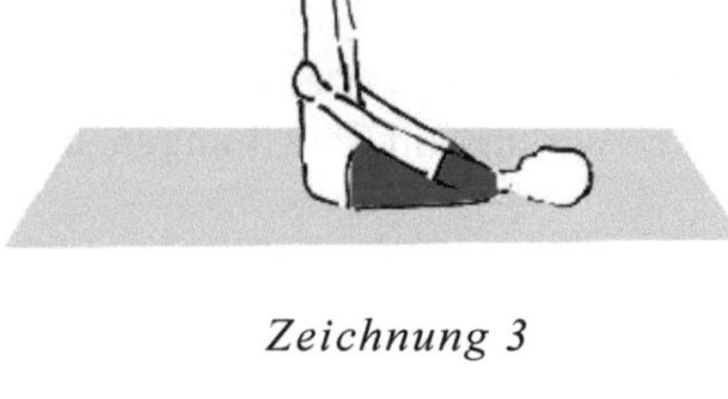

Zeichnung 3

mit der Vorstellungskraft öffnen müsst, indem ihr ihm nachdrücklich befehlt: Sesam öffne dich! Sesam öffne dich! Sesam öffne dich!

Ich habe dir auch schon erklärt, dass man bei jeder Übung die heilige Mutter anrufen muss, damit sie den Heiligen Geist in ihrer heiligen Sprache bittet, dass er kommen möge und uns von dieser oder jener Krankheit heilen möge, alles gemäß der Bedürfnisse jedes Einzelnen, usw., einer bittet darum zu genesen, andere um diese oder jene Kraft zu erwecken, wieder andere um diesen oder jenen Defekt auszulöschen.

Alle diese Übungen sind nicht rein physisch, sondern sind sechs Arten des Gebets, sind ein anderes System, um sich zu heilen und durch das Gebet zu verjüngen. Die Lamas praktizieren diese sechs Riten auf dem Gebetsteppich, gut, es kann auch ein Vorleger oder eine Decke sein, wie man es nennen will, je nach den Gebräuchen und Sprachen der verschiedenen Länder.

Natürlich muss man sich an diese Übungen mit viel Geduld langsam gewöhnen, bis der Tag kommt, an dem man sie mit Leichtigkeit macht; man muss nicht alles auf einmal machen. Man muss den Organismus allmählich daran gewöhnen und die Praktiken werden nach und nach geübt, bis man sie richtig macht. Um den Körper daran zu gewöhnen, können manche Tage, andere Wochen, Monate oder Jahre brauchen.

Diese Übungen sind auch nicht ausschließlich für die Bewohner dieses oder jenes Landes bestimmt, sie sind für alle gnostischen Schüler der Welt. Ich weiß nicht, wie es möglich ist, dass die Menschen in den Patriotismus geraten, dass mein Vaterland und deines nicht das gleiche ist. Die Menschen haben die Erde in Ländereien und noch mehr Ländereien zerteilt, und auf jedes Land setzen sie eine Fahne, stellen die Statuen ihrer Helden auf und bewachen die Grenzen mit wilden, bis zu den Zähnen bewaffneten Horden, usw., und das nennen sie Vaterland.

Es ist sehr traurig, dass die Erde in Ländereien unterteilt ist. Es wird der Tag kommen, an dem die Menschen der Erde sich ändern müssen, leider wird das erst nach der großen Katastrophe möglich sein, dann werden wir den Planeten Erde in ein einziges Vaterland verwandeln…, aber beschränken wir uns auf die Übungen, die ich gerade lehre.

Vierte Übung

Jetzt knie dort auf dem Boden nieder oder begebe dich auf die Knie Richtung Osten (Zeichnung 4), wo die Sonne aufgeht.

Neige den Kopf ein wenig nach unten, nur ein bisschen, nicht viel.

Und nachfolgend soll man drei Prayamas machen, auf diese Weise:

Lege den Zeigefinger der rechten Hand auf das linke Nasenloch, atme durch das rechte Nasenloch ein. Drücke jetzt mit beiden Fingern, dem Zeigefinger und Daumen, auf die zwei Nasenlöcher und halte den Atem einige Sekunden lang an.

Dann öffne das linke Nasenloch und atme die ganze Luft aus; atme durch das linke Nasenloch ein, während du das rechte mit dem Daumen zuhältst; drücke mit dem Zeigefinger und Daumen und halte den Atem an, atme ihn dann durch das rechte Nasenloch aus; das ist ein vollständiges Pranayama. Diese Übung wird noch zweimal wiederholt, bis die drei Pranayamas vollständig sind.

Denke daran, dass nur zwei Finger benutzt werden, nur der Zeigefinger und Daumen der rechten Hand; man verschließt ein Nasenloch mit einem Finger und atmet durch das andere Nasenloch ein, man verschließt beide Nasenlöcher und öffnet dann das Andere, usw. Es ist ein Spiel, wenn man ein Nasenloch mit einem Finger schließt, öffnet man das Andere und umgekehrt.

Nachdem ihr diese Übung gemacht habt, senkt euren Kopf, begebt euch in Gebet mit der Göttlichen Mutter Kundalini Shakty und bittet sie um das, was ihr braucht, usw.

Zeichnung 4

Fünfte Übung

Bleibt in der Stellung auf den Knien, so wie ihr seid, und neigt euren Körper nach hinten mit den Armen entlang des Körpers. (Zeichnung 5)

Neigt dann den Körper nach hinten, so weit es geht, und bleibt einige Sekunden lang in dieser Position. Bittet und fleht die Heilige Mutter Kundalini an, dass sie für euch vor dem gesegneten Heiligen Geist vermittelt, damit er euch die Bitte erfüllt, sei es Heilung oder etwas anderes.

Diese Übung ist eher kurz, weil sie so anstrengend ist, aber sie ist sehr gut, um den Körper beweglicher zu machen und einige Gifte zu verbrennen. Wichtig ist, sie so gut wie möglich zu machen.

Erinnert euch daran, dass man bei jeder Übung innigst flehen und bitten oder sogar weinen soll, damit die heilige Mutter den Dritten Logos anruft und er das erkrankte Organ heilt. Erinnert euch, dass sie die Vermittlerin ist, die den Logos anrufen kann, ihren göttlichen Gatten, den gesegneten Heiligen Geist, Shiva (wie man im Orient sagt), den Archihierophanten und Archimagier, den Erstgeborenen der Schöpfung, den Schwan mit dem leuchtenden Federkleid, die weiße Taube, den unsterblichen Hiram Abiff, den geheimen Meister, dem wir alle in der Vergangenheit den Fehler angetan haben, ihn zu töten, als wir die Erbsünde begingen.

Deshalb müssen wir ihn von den Toten auferstehen lassen und mit aller Kraft unseres Herzens ausrufen: Der König ist tot! Es lebe der König!

Zeichnung 5

Sechste Übung

Fahrt nun auf folgende Weise fort: Setzt euch auf den Boden, die Beine nach vorne ausgestreckt, die Hände nach hinten auf den Boden gestützt, den Körper ein bisschen nach hinten geneigt und auf die Hände gestützt, den Blick nach vorne gerichtet, die Fersen zusammen, die Füße nach außen (Zeichnung 6).

Richtet hier erneut die Bitte mit viel Glauben und Andacht an die Göttliche Mutter und fleht sie an.

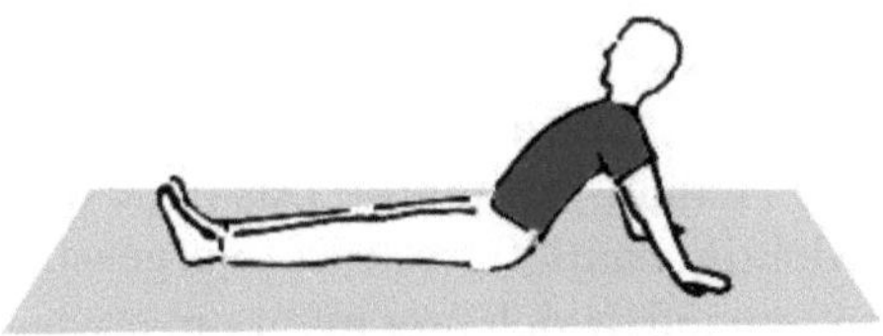

Zeichnung 6

Siebte Übung

Um diese Übung auszuführen, reicht es, die Beine ein bisschen anzuziehen, die Fußflächen auf den Boden zu stellen und das Gesäß und den Bauch anzuheben, sodass man in die Tischstellung gelangt, d.h. mit den Knien und dem Bauch auf derselben waagrechten Linie.

Der Blick sollte nach oben gerichtet sein, zum Himmel oder zur Zimmerdecke. Der Körper sollte von den Händen und Füßen gestützt werden, aber mit dem Gesicht nach oben, sodass er einen menschlichen Tisch wie auf der Zeichnung 7 bildet.

In dieser Stellung sollte man das Bitten und Flehen an die gesegnete Mutter Devi Kundalini verstärken und sie anflehen, ihren göttlichen Gatten, den gesegneten Heiligen Geist, anzurufen, damit er kommt und die nötige Heilung vornimmt. Das habe ich schon mehrmals erklärt, aber es ist wichtig, damit ihr es nicht vergesst, damit die Übung vollständig ist, denn es handelt sich hier nicht um etwas rein Physisches, es handelt sich um etwas anderes, Spirituelles, Ausgeglichenes.

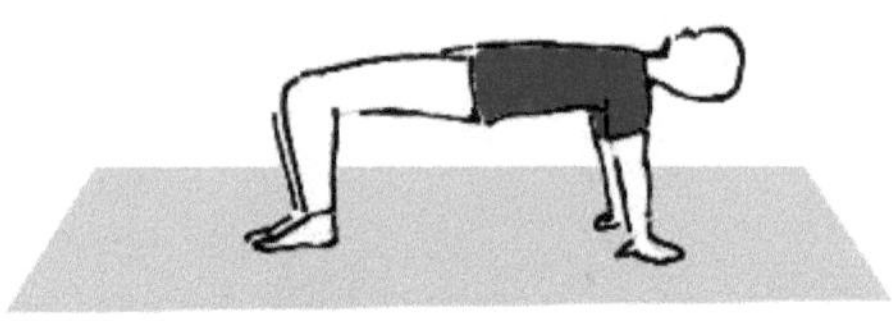

Zeichnung 7

Achte Übung

Sehen wir nun die Übung, die Mayurasana genannt wird. Es ist vor allem wichtig, dass man drei vollständige Pranayamas macht, so wie ihr sie in der Übung 4 gemacht habt. Nach den Pranayamas begibt man sich mit viel Andacht und an die Göttliche Mutter Kundalini gewandt, in die Eidechsenstellung, so wie sie in Zeichnung 8 erscheint.

Viele Menschen praktizieren die Eidechse, um einen dicken Bauch loszuwerden.

Der Meister selbst hat sich in die Position der Eidechse begeben um mich die Übung in der Praxis zu lehren, damit ich sie genau verstehe; während er die Übung machte, erklärte er mir genau alle Einzelheiten dieser Asana auf folgende Weise:

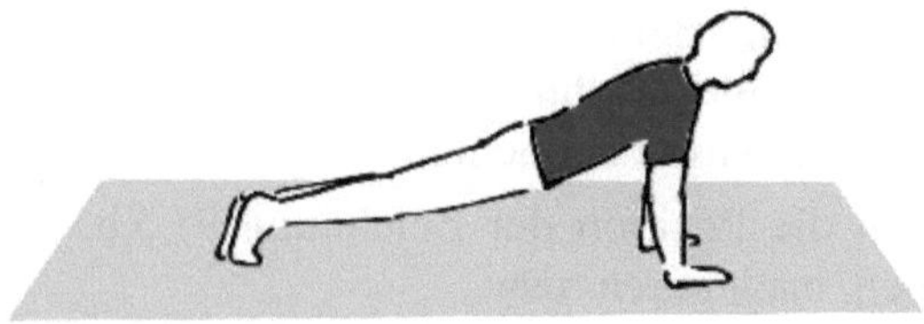

Zeichnung 8

Man legt die Handflächen auf den Boden, wie eine Eidechse, die Beine sind nach hinten gestreckt und auf die Zehenspitzen gestützt. Das Gesicht ist nach vorne gewandt, der Kopf, der Nacken, der Rücken, der Hintern und die Beine bis zu den Fersen bilden eine gerade Linie, so wie eine Eidechse (Zeichnung 8).

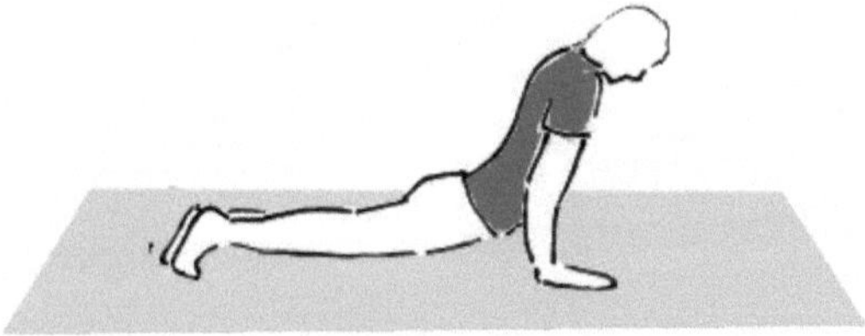

Zeichnung 9

Senke dann den Kopf bis auf die Brust, soweit es geht, und mache dann die folgende Bewegung: Lasse dann den Bauch und die Beine auf den Boden herunter, indem du auf die Hände und die Fußspitzen gestützt bist, ohne die Arme zu beugen. Kehre dann zur ersten Stellung zurück, nach oben, dann nach unten, nach oben, usw. (Zeichnung 9). Bittet hier die Göttliche Mutter Kundalini, dass sie alle eure Chakras in Bewegung setzt.

Nun wirst du die Übung machen, um zu sehen, ob du sie gelernt hast.

Ich nahm den Platz des Meisters ein und begann die Übung der Eidechse, oder die Stellung Mayurasahna, auszuführen. Ich legte meine Handflächen auf den Teppich, dann streckte ich die Beine nach hinten, den Körper völlig gerade, das Gesicht nach vorne gerichtet und stützte mich auf die Zehenspitzen und die Hände.

Dann ließ ich die Beine und die Knie auf den Boden sinken, ohne die Hände oder die Füße aus ihrer Position zu bewegen, dann kehrte ich noch einmal in die Position der achten Übung (Zeichnung 8) zurück.

Danach in die Position der Zeichnung 9, d.h. nach oben, nach unten, nach oben, nach unten, usw.

Neunte Übung

Während ich den vorhergehenden Ritus machte, sagte mir der Meister: Beende nun die Übung und ich werde dich die Nächste lehren.

Aus dieser Stellung von vorhin, mit dem Kopf an der Brust, in der Stellung der Eidechse und den Händen auf dem gleichen Platz, bewege dich nun einige kleine Schritte nach vorne, bis du einen menschlichen Bogen bildest, wie die Zeichnung 10 zeigt.

So auf die Füße und Hände gestützt, mit dem Kopf nach unten und einen vollständigen menschlichen Bogen formend, kannst du und sollst du ins Gebet eintreten und die Göttliche Mutter um das, was du brauchst bitten und anflehen, so wie ich es dich schon gelehrt habe. Unter dir sollte eine Straße mit Autos durchlaufen können, denn du musst eine Art menschlichen Bogen formen.

Nun, nachdem du eine Weile in dieser Gebetsstellung geblieben bist, beuge die Knie ein wenig und lasse den Körper herunter, hebe die Hände und stelle dich auf.

So endet die Übung.

Erinnere dich, dass mit dieser Stellung des menschlichen Bogens, wie du sie gemacht hast, erreicht wird, dass das Blut in den Kopf strömt und Gifte entfernt, die Lymphen reinigt und alle Teile des Gehirns durchblutet.

Diese Übungen sind sehr speziell um einen dicken Bauch loszuwerden. Ich weiß nicht, warum die Leute begeistert sind, den Bogen der Glückseligkeit zu behalten. Man soll niemals einen fetten Bauch haben; mit dieser Übung, tschüss Bauch.

Zeichnung 10

Zehnte Übung

Man legt sich in Rückenlage auf den Boden, hebt dann die Beine an und stellt sie waagrecht an eine Wand. Für diese Übung sollte man sich sehr nah an eine Wand legen, mit dem Rücken ohne Kissen auf dem Boden, die Arme zu beiden Seiten entlang des Körpers und ein bisschen gebogen (Zeichnung 11).

Diese Übung dient speziell dazu, eine große Arbeit auszuführen, die nur der gesegnete Heilige Geist in unserem Organismus vollbringen kann. Es geht darum, dass wir in unserem Gehirn einen Mond haben, der uns in der Tat in Mondwesen verwandelt mit einer negativen lunaren Verhaltensweise. Im Gegensatz dazu haben wir in der Region des Nabels eine wundervolle Sonne.

Seit wir das Paradies verlassen haben, wechselte die strahlende Sonne des Gehirns ihren Platz, sie zog zum Nabel, und der kalte Mond zog zum Gehirn. Jetzt wo wir also diesen Aspekt kennen und uns in dieser Position befinden, bitten wir den gesegneten Heiligen Geist, dass er diese Transplantation macht, damit er den Mond aus dem Gehirn nimmt und ihn in unseren Nabel setzt und gleichzeitig die leuchtende Sonne des Nabels herausnimmt und sie in unser Gehirn setzt.

Natürlich müssen wir die Übung des Viparita-karani-mudra in beständiger, permanenter, unaufhörlicher Weise machen. Man muss den Heiligen Geist bitten, ihn anbeten, anflehen, damit er uns diese Würde erweist, diese Veränderung vorzunehmen und den Mond, den wir im Gehirn haben, in den Nabel zu setzen und die Sonne, die wir im Nabel haben, zu unserem Gehirn zu erheben.

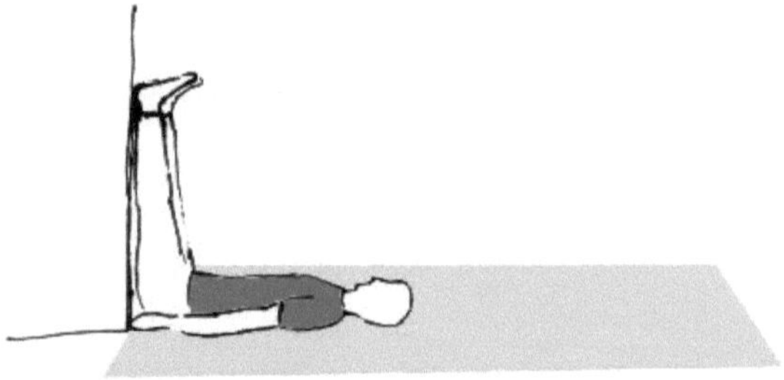

Zeichnung 11

Das ist eine Arbeit, die nur der dritte Logos ausführen kann. Man muss, höchst konzentriert auf den dritten Logos, bitten und flehen, damit der Logos diese Transplantation des Mondes zum Nabel und der Sonne zum Gehirn vornimmt.

Dieses Viparita-karani-mudra ist ein wahres Ritual, wunderbar um die Verjüngung des physischen Körpers zu erreichen. Die Jugend wiederzuerobern, ist wichtig und notwendig. Der Körper muss jung und frisch gehalten werden bei einem Eingeweihten, der auf dem Pfad auf des Messers Schneide schreitet.

Wer es schafft, diese Übung drei Stunden lang zu machen, wird den Tod besiegen und die Jugend wiedererobern. Man sollte jedoch mit höchstens fünf Minuten anfangen und dann Zeit allmählich und langsam, mit Geduld und Ruhe steigern, indem man zum Beispiel jeden Tag eine Minute dazugibt.

Wer anstrebt, den Körper zu verjüngen und sich von allen Krankheiten zu heilen - hier geben wir ihm die wundervolle Formel: das Viparita-karani-mudra. Verstanden?

Elfte Übung – Vajroli-Mudra

Umwandlung für Alleinstehende

Wenden wir uns nun dem Studium des sechsten Ritus zu, das sich auf das Vajroli-mudra bezieht. Es geht um die Umwandlung der sexuellen Energie; diese Art von Energie ist die Feinste, die der Organismus entwickelt; sie ist, sagen wir, die feinste Kraft, mit der der Körper arbeitet.

Das menschliche Vehikel besitzt sehr feine Kanäle, durch die die Energie zirkuliert; wenn die Energie in andere Kanäle eindringt, geschieht natürlich eine Katastrophe.

Die sexuelle Energie ist eine wunderbare, explosive Kraft, die wir weise zu lenken lernen müssen, wenn wir die innerste Selbstverwirklichung des Seins wirklich wollen.

Zweifelsohne ist das Vajroli-mudra besonders für die Alleinstehenden, obwohl es auch den Verheirateten hilft. Auf eine besondere Art und Weise könnten wir sagen, dass die Alleinstehenden mit dem Vajroli-mudra ein grundsätzliches System haben, mit dem sie sich im Brahmacharya, d.h. in der Keuschheit, halten können.

Wer keine Frau hat, oder die Frau, die keinen Mann hat, muss sich im Brahmacharya halten, das ist klar, bis zu dem Tag, an dem die Männer ihre Priesterin und die Frauen ihren Mann bekommen.

Viele Alleinstehende würden gerne ihre Sexualität hier und da und überall, mit verschiedenen Frauen erfüllen, das ist Unzucht, das ist für die Anwärter der Einweihung verboten.

Das Individuum, das wirklich die Einweihung anstrebt, darf sich nicht mit verschiedenen Frauen einlassen, denn in diesem Fall bricht es das Gesetz, es handelt gegen das sechste Gebot des göttlichen Gesetzes.

Der zölibatäre Mensch muss sich standhaft im Brahmacharya halten, bis er eine Ehefrau bekommt. Es ist nicht möglich, sich im Brahmacharya zu halten, wenn man seine sexuelle Energie nicht umzuwandeln weiß.

Wer lernen will, umzuwandeln, muss das Vajroli-mudra sehr gründlich kennen; wenn er es nicht kennt, besitzt er die Wissenschaft der Umwandlung nicht.

Das Vajroli-mudra hat unter anderem den Vorteil, dass der zölibatäre Mensch, obwohl er allein ist, seine sexuelle Kraft behält und seine Manneskraft nicht verliert. Normalerweise verkümmert ein Organ, das nicht benutzt wird; wenn man eine Hand nicht mehr benutzt, dann verkümmert sie; wenn man einen Fuß nicht mehr benutzt, dann funktioniert er nicht mehr. So ist es auch mit den Geschlechtsorganen, wenn man sie nicht mehr benutzt, dann verkümmern sie ganz einfach, und der Mann wird impotent, dann läuft es schlecht.

Mit dem Vajroli-mudra kann man seine sexuelle Kraft das ganze Leben aufrechterhalten. Ich möchte nicht sagen, und das stelle ich hiermit klar, dass ein Mensch mit dem Vajroli-mudra die höheren existenziellen Körper des Seins schafft, nein: Ich mache diese Art von Behauptungen nicht und sage auch nicht, dass man damit die innere Selbstverwirklichung des Seins erreicht.

Wer sich selbstverwirklichen möchte, muss in der Schmiede der Zyklopen arbeiten, das ist klar. Es ist so, dass man beim Vajroli-mudra mit einer einzigen Kraft arbeitet, im Falle eines Mannes also mit der Maskulinen und im Falle einer Frau mit der Femininen, weiter nichts.

Um die höheren existenziellen Körper des Seins zu erschaffen, braucht man etwas mehr, man muss mit den drei Kräften der Natur und des Kosmos arbeiten: die maskuline Kraft (im Mann), die feminine Kraft (in der Frau), die neutrale Kraft (die die beiden vereint).

Wie ich bereits bei anderen Gelegenheiten gesagt habe, ist die maskuline Kraft das Heilige Bejahen, die Feminine das Heilige Verneinen und die Neutrale das Heilige Vereinen. Natürlich braucht man, damit es eine Schöpfung geben kann, die drei Kräfte, darum ist das Maithuna unerlässlich, um die höheren existenziellen Körper des Seins zu schaffen.

Die gewöhnlichen Menschen besitzen die astralen, mentalen und kausalen Körper nicht; diese Körper muss man erschaffen, und sie können nur durch das Maithuna oder die sexuelle Magie erschaffen werden. Ich wiederhole jedoch, das Vajroli-mudra dient den Männern, die keine Frau haben, den Frauen, die keinen Mann haben und auch den Paaren, die mit dem Sahaja Maithuna arbeiten, denn es hilft, die sexuelle Energie zu sublimieren und umzuwandeln.

Das Vajroli-mudra ist also sehr nützlich für Alleinstehende und Verheiratete. Gut, mit dieser Erklärung werde ich jetzt die Technik des Vajroli-mudra geben.

Als Erstes tust du das, was ich jetzt tue (der Meister begann die Übung auszuführen, um mir eine praktische Vorführung zu geben).

Ich stehe hier, dann lege ich die Handflächen auf die Oberschenkel und beuge mich langsam, nicht zur Seite, nicht nach hinten, sondern nach vorne, wie jemand, der eine tiefe Verbeugung macht, und gehe mit meinen Handflächen weiter nach unten, bis ich an die Knie komme. Gleichzeitig atme ich die Luft aus, sodass ich, wenn ich die Knie erreiche, keine Luft mehr in den Lungen habe (Zeichnung 13).

Dann richte ich den Körper langsam auf, meine Füße bleiben geschlossen und fest auf der Erde, während ich mich aufrichte, lege ich die Hände auf die Hüften in der Art eines Kruges, eine Hand an jeder Seite der Hüfte.

Die Übung beginnt wie in Zeichnung Nr. 12, wird fortgesetzt wie Zeichnung Nr. 13 und kehrt zur Ausgangsposition zurück, so wie in Zeichnung Nr. 14.

Hier fährt der Meister mit seiner Erklärung fort.

Jetzt sind wir bereit, mit der Übung fortzufahren, aber ich habe immer noch nicht eingeatmet, meine Lungen sind völlig leer. Nun führe ich meine Hände in Richtung Zeugungsorgane herauf, ich habe aber die Lungen immer noch nicht mit Luft gefüllt; jetzt massiere ich die Prostata, damit die Vibration die Prostata erfasst und die sexuelle Umwandlung stattfindet.

Ich massiere nicht nur die Prostata, (Zeichnung 14) ich kann und sollte auch die Sexualorgane fest massieren.

Zeichnung 12

Zeichnung 13

Nachdem ich die Massage auf den Zeugungsorganen beendet habe, richte ich meinen Körper mich auf, bis ich aufrecht stehe, (Zeichnung 12), mit den Händen auf den Hüften.

Sobald ich die Massage beendet habe und die Hände auf die Hüften gelegt habe, atme ich ein, fülle die Lungen mit Luft und erhebe die Energie durch die Kanäle Ida und Pingala zum Gehirn. Dann atme ich langsam aus und wiederhole den Vorgang dreimal.

Ich gebe dir diese Erklärung, damit diejenigen, die dein Buch lesen, wissen, wie das Vajroli-mudra geübt wird und dass es als Umwandlung für die Alleinstehenden dient, d.h. für diejenigen, die noch keinen Ehepartner haben.

Der Meister begann eine komplette praktische Demonstration des Vajroli-mudra vorzuführen: als Erstes, bevor er mit der Übung begann, legte er die Hände auf die Hüften, um mit der Übung anzufangen, er schob die Hände nach vorne, bis etwas unterhalb des Nabels, fest an den

Zeichnung 14

Körper gelegt, dann ließ er sie langsam bis zu den Knien hinuntergleiten, während dessen atmete er alle Luft aus.

Anschließend schob er die Hände wieder nach oben bis zur Hüfte und legt sie sofort auf die Sexualorgane und die Prostata und massierte sie kurz. Dann führte er die Hände wieder bis zur Hüfte, atmete tief ein und brachte mit seiner Vorstellungskraft die schöpferische Energie bis zum Gehirn.

Diese Übung wiederholte der Meister dreimal und dann wies er mich an, sie genauso zu wiederholen, wie er sie vorgeführt hatte, um zu bestätigen, dass ich das Vajroli-mudra verstanden hatte.

Nach der Wiederholung bestätigte er, dass ich verstanden hatte und sagte:

Bezüglich der Massagen der Prostata und der Sexualorgane gibt es drei Arten:

Erstens: Sanfte Massage der Prostata und der Zeugungsorgane;

Zweitens: Eine mittlere, etwas stärkere Massage der Prostata und der Zeugungsorgane;

Drittens: Starke Massage der Prostata und der Zeugungsorgane. Natürlich bewirkt die starke Massage der Prostata und der Sexualorgane die Erektion des Phallus, das ist klar, so muss es sein, deshalb ist diese dritte Art von Massage ratsam für Alleinstehende, d.h. für diejenigen, die keine Frau haben. Für sie ist diese dritte Art von Massage ratsam. Wenn der Phallus in Erektion ist, erzeugt das die Umwandlung des Samens in Energie und diese steigt bis zum Gehirn auf.

Was die Verheirateten betrifft, für sie ist die erste und zweite Art von Massage gut, nichts weiter, schon mit der Ersten ist es mehr als genug, denn sie haben eine Frau, und natürlich bringen sie den Phallus zur vollständigen Erektion durch das Sahaja Maithuna.

Hier habt ihr also das, was im Orient Vajroli-mudra genannt wird.

Ich unterbrach den Meister und sagte: Im Fall der Frau sollen die Massagen in der Gegend der Eierstöcke und an den Sexualorganen ausgeübt werden?

Der Meister antwortete:

Im Falle der Frau ist das Vajroli-mudra gleich, nur dass die Massagen auf dem linken und rechten Eierstock gemacht werden müssen und auf den weiblichen Organen, der Vagina oder Yoni. So findet die Umwandlung der sexuellen Energie der Frau statt.

Das Gleiche gilt für die verheiratete Frau, auch wenn sie keine starke Massage, sondern nur eine sanfte braucht. Die Alleinstehende benötigt eine etwas stärkere Massage, um die Umwandlung ihrer eigenen sexuellen Energie zu bewirken; es ist wichtig, dass diese Energie bis zum Gehirn aufsteigt.

Man braucht also eine große Willensstärke während des Vajroli-mudra, damit keine wollüstigen Gedanken durch den Verstand des Schülers gehen. Man muss die Sinne kontrollieren und den Verstand unterwerfen.

Wenn das Vajroli-mudra praktiziert wird, muss man sich auf die Göttliche Mutter Kundalini oder den Dritten Logos konzentrieren. Wenn man sich ausschließlich auf die Sexualorgane konzentriert und die Göttliche Mutter und den Dritten Logos vergisst, dann wird die Energie nicht sublimiert, und das ist gegen das kosmische Gesetz.

Außerdem müsst ihr beachten, dass, wenn der Mensch nicht genug Reinheit in seinen Gedanken besitzt, kann er sich degenerieren und in die Selbstbefriedigung verfallen. Für die Unreinen und diejenigen, die der Selbstbefriedigung verfallen sind, ist der Abgrund und der zweite Tod, wo man nur Heulen und Zähneknirschen hört.

So ist das Vajroli-mudra also für vollständig reine Männer und Frauen, die wirklich dazu bereit sind, dem Pfad der absoluten Keuschheit zu folgen.

Das starke, sehr starke Vajroli darf nur einmal am Tag ausgeübt werden, und es ist notwendig, dass der Mensch seinem eigenen Körper gegenüber sehr ernsthaft und respektvoll ist; es ist für Alleinstehende. Ein verheirateter Mensch braucht kein starkes Vajroli zu praktizieren, denn er bekommt die Erektion durch seine Priesterin-Ehefrau.

Genauso braucht eine Frau, die einen Ehemann hat, kein starkes Vajroli auszuüben, denn sie wandelt ihre Energien mit ihrem Ehemann um. Sowohl verheiratete Frauen als auch verheiratete Männer müssen die Massage des Vajroli äußerst sanft machen; was gewünscht wird, ist, diese feine und subtile schöpferische Energie zum Gehirn aufsteigen zu lassen.

Im Falle eines verheirateten Mannes ist - wie ich schon erklärt habe - eine leichte Massage der Prostata und der Sexualorgane genug; und im Falle der Frau eine leichte Massage der Eierstöcke und des Uterus, sehr feinfühlig und sanft, denn sie schadet nichts, und man kann sie jedes Mal, wenn man mit den sechs in diesem Buch gelehrten Riten arbeitet, ohne den geringsten Nachteil, ausüben. So wird die sexuelle Energie ständig und unaufhörlich sublimiert und wird für die Regeneration genutzt.

Ich spreche also sehr klar zu dir, damit man mich versteht. Dieses System, so wie ich es hier gelehrt habe, ist das tibetische System. Ich wiederhole, dass man Reinheit und keinerlei Lüsternheit oder negative, leidenschaftliche Gedanken braucht, denn sonst dreht sich das Schwert und der Schüler stürzt in den Abgrund, wenn er diese Lehren missbraucht.

Ich glaube, dass die gnostischen Brüder das Ziel des Vajroli-mudra schon verstanden haben, und ich werde nicht müde, zu wiederholen, dass dies das praktischste und genaueste System der sexuellen Umwandlung für Alleinstehende ist.

Wenn ich die Übung des Vajroli-mudra lehre, muss ich Folgendes sagen:

Die fatale Antithese des Vajroli-mudra ist das fürchterliche, unreine und abscheuliche Laster der Masturbation. Wer die Masturbation praktiziert, stürzt in den Abgrund, in den zweiten Tod, weil er seinen eigenen Körper entweiht hat, weil er mit seinen Taten den Heiligen Geist, den Dritten Logos, beleidigt und entweiht hat.

Brüder und Schwestern hütet euch, wenn ihr das Vajroli-mudra praktiziert, sehr gut davor, nicht in das abscheuliche und widerliche Laster der Masturbation zu fallen. Das Vajroli-mudra ist etwas sehr Heiliges und um es zu praktizieren, braucht man unglaubliche Keuschheit, große Heiligkeit und eine riesige Liebe zum gesegneten Heiligen Geist und zur göttlichen Mutter Kundalini.

Ich will nicht behaupten, dass man mit dem Vajroli-mudra Kundalini erwecken kann, oder dass die höheren existenziellen Körper des Seins geschaffen werden können, nein, es wird nur der Samen in Energie umgewandelt, das ist alles. Es ist klar, dass man, um Kundalini zu erwecken, die Zusammenarbeit der drei Kräfte der Natur und des Kosmos braucht, das haben wir schon vorher gesagt, aber es ist wichtig, noch einmal daran zu erinnern, damit ihr es sehr gut im Gedächtnis behaltet.

Die erste Kraft ist das Heilige Bejahen, die zweite Kraft ist das Heilige Verneinen und die dritte Kraft ist das Heilige Vereinen. Diese letztere Kraft vereint die beiden ersten Kräfte. So kann Kundalini also nur durch sexuelle Magie oder Sahaja Maithuna, d.h. durch die Zusammenarbeit der drei Kräfte, entwickelt werden.

Der Mann besitzt die positive Kraft, die Frau besitzt die negative Kraft, und der Heilige Geist vereint beide. Mit der Verschmelzung der drei Kräfte erwacht die göttliche Prinzessin Kundalini.

Die höheren existenziellen Körper des Seins können nicht mit einer einzigen Kraft erschaffen werden. Der Mann hat eine Kraft, das Heilige Bejahen; die Frau hat nur die negative Kraft, das Heilige Verneinen. Die Schöpfung zu vollbringen ist nur möglich mit der Vereinigung der drei Kräfte: der Positiven oder Maskulinen, der Negativen oder Femininen und der Neutralen, die beide koordiniert oder mischt.

Die Umwandlung ist immer unerlässlich, sie ist eine grundsätzliche, organische Notwendigkeit. Es war notwendig, ausführlich über diesen Aspekt zu sprechen, da das Vajroli-mudra zum Beispiel, das ein wunderbares System der Umwandlung für Alleinstehende ist, in Indien, in Tibet und in der Lamaserie „Quelle der ewigen Jugend“ praktiziert wird.

Das Ziel dieses Systems ist, die schöpferische Energie zum Gehirn aufsteigen zu lassen, d.h. das Gehirn zu besamen und den Samen zu vergeistigen.

Samael Aun Weor